Wörterbuch der Mode

Reclam Sachbuch

Joëlle Murray
Wörterbuch der Mode

Deutsch · Englisch · Französisch
Mit Illustrationen von Eva Pehar

Philipp Reclam jun. Stuttgart

RECLAMS UNIVERSAL-BIBLIOTHEK Nr. 18699

Gestaltung: Cornelia Feyll, Friedrich Forssman
Gesamtherstellung: Reclam, Ditzingen. Printed in Germany 2010

ISBN 978-3-15-018699-2
www.reclam.de

Inhalt

Einleitung

Ist der Haifischkragen im Englischen ein *shark collar*? Der Smoking ein *smoking*? Die französische Manschette wirklich französisch?

Mode und Sprache – beide sind in stetem Wandel und spiegeln unsere Lebensweise und Kultur wieder. Beide haben eine lange Geschichte mit vielen Einflüssen: sprachlichen, kulturellen, ökonomischen und politischen. Neue Trends, Technologien und Materialien brachten neue Wörter hervor. Man denke an den Humpelrock 1910, an den Bikini 1946, in jüngerer Zeit an die neuesten Hightechmaterialien.

Manche Wörter benutzen wir täglich. Anderes an unserer Kleidung können wir nur schwer benennen – nicht mal in unserer Muttersprache, geschweige denn in einer anderen Sprache. Breitkord, Füßling oder Kläppchenkragen – deren Übersetzung ist in mehrsprachigen Lexika auf dem deutschen Markt zurzeit kaum zu finden. Dies soll sich mit dem vorliegenden Wörterbuch ändern.

Ziel ist dabei, aktuelle Begriffe dreisprachig und nach Branchen sortiert präzise wiederzugeben, um Modeinteressierten und Fachleuten eine Hilfe bei der täglichen Arbeit zu geben. Es finden sich Begriffe der Mode, Accessoires, Stoffe und Materialien, Muster und technische Beschreibungen, in begrenztem Umfang auch historische, religiöse und berufliche Begriffe. Auf Begriffe der Maschinen- und Produktionstechnik wurde verzichtet. Außerdem konnten einige wenige Wörter nicht berücksichtigt werden, da für diese in einer der drei Sprachen derzeit überhaupt kein passender Begriff existiert.

Das Wörterbuch ist in Kapitel gegliedert, um einen schnellen Überblick über die Teilgebiete der Mode zu gewinnen. Materialien oder Schuhe zum Beispiel finden sich so gesammelt. Das Buch legt großen Wert auf Detailtreue und Aktualität. Hierfür wurden sowohl die Gepflogenheiten und Nuancen der Umgangssprache berücksichtigt als auch Fachleute und Muttersprachler im In- und Ausland befragt. Ich bedanke mich bei allen, die mir wertvolle Hinweise gaben. Ohne sie wäre dieses Wörterbuch nicht zustande gekommen.

Verzeichnis der Abkürzungen

Abk.	Abkürzung
AE	American English
allg.	allgemein
austral.	in Australien gebräuchlich
BE	British English
f	Femininum
frz.	französisch
geistl.	geistlich
hist.	historisch
jur.	juristisch
m	Maskulinum
mil.	militärisch
n	Neutrum
neuseel.	in Neuseeland gebräuchlich
österr.	österreichisch
pej.	pejorativ
pl	Plural
rel.	religiös
scherz.	scherzhaft
ugs.	umgangssprachlich
v	Verb
vgl.	vergleiche

1. Damen- und Herrenbekleidung
Womenswear and menswear
Vêtements femmes et hommes

Abendanzug *m* (Herren), vgl. → Frack, → Gesellschaftsanzug, → Smoking
E evening suit, (evening) dress suit, formal suit
F tenue *f* de soirée (homme), costume *m* de soirée, complet *m* / costume *m* habillé

Abendhemd *n*
E evening shirt, dress shirt BE
F chemise *f* habillée, chemise *f* du soir

Abendkleid *n* → Kleid

Abendkleidung *f*, Abendbekleidung *f*
E evening wear, evening dress
F vêtements *mpl* de soirée, tenue *f* de soirée

Achselhemd *n*
E vest BE, tank top AE
F débardeur *m*, marcel *m* (ugs., ursprünglich nur für Herren)

Activewear *f*, vgl. → Sportbekleidung, → Sportswear
E activewear
F vêtements *mpl* de sport

Albe *f*
E alb
F aube *f*

A-Linien-Kleid *n* → Kleid

A-Linien-Rock *m* → Rock

Amtsrobe *f* (Justiz)
E judicial robe
F robe *f* (de magistrat, d'avocat, de juge)

Anorak *m*
E anorak
F anorak *m*

Anzug *m* (Herren-), vgl. → Hosenanzug (Damen)
E (men's) suit
F costume *m*, complet *m*, complet-veston *m*

Anzug *m*, dreiteilig (Hose, Weste, Sakko)
E three-piece suit (trousers / pants AE, waistcoat, jacket)
F costume *m* / complet *m* trois pièces (pantalon, gilet, veston)

Anzug *m*, einreihig, vgl. → Einreiher
E single-breasted suit
F costume *m* droit, complet *m* droit

Anzug *m*, zweireihig, vgl. → Zweireiher
E double-breasted suit
F costume *m* croisé, complet *m* croisé

Anzughose *f*
E suit trousers, suit pants AE
F pantalon *m* de costume

Anzugjacke *f*
E suit jacket
F veston *m* de costume / de complet

Anzugweste *f*
E (suit) waistcoat BE, (suit) vest AE
F gilet *m* (de costume)

Après-Ski-Kleidung *f*
E après-ski clothing/attire
F vêtements *mpl* d'après-ski

Arbeitsanzug *m*
E work overalls BE, work coveralls (AE, mit Ärmel), work dungaree(s) (nur BE, Latzhose)
F combinaison *f* de travail

Arbeitshemd *n*
E work shirt
F chemise *f* de travail

Arbeitshose *f*
E work trousers, work pants AE
F pantalon *m* de travail

Arbeitskittel *m*, vgl. → Arztkittel
E work coat, smock, (weiß/Labor:) (white) lab coat
F blouse *f* de travail, sarrau *m* (de travail), (weiß:) blouse *f* de laboratoire, (medizinisch:) blouse *f* blanche/médicale

Arbeitskleidung *f*
E workwear
F vêtements *mpl* de travail, vêtements *mpl* professionnels

Arbeitslatzhose *f*
E (work) dungaree(s) BE, work overalls AE
F salopette *f* de travail

Argyle-Pullover *m*
E argyle sweater, argyle pullover, argyle jumper BE
F pull *m* (à) losanges, pull *m* à motif argyle

Armeehose *f*, vgl. → Camouflage-Hose
E army trousers *pl*, army pants *pl* AE, fatigues (Hose und Oberteil)
F pantalon *m* de treillis, pantalon *m* de combat

Arztkittel *m*, vgl. → Arbeitskittel, → Kittel
E doctor's (white) coat
F blouse *f* de médecin, blouse *f* médicale

asymmetrisches Kleid *n* → Kleid

Babykleidung *f*
E babywear, baby clothes, (Babyausstattung:) layette
F layette *f*, vêtements *mpl* de bébé
Baggy Pants *fpl*, Baggypants *fpl*
E baggy trousers *pl*, baggy pants *pl*, baggies *pl* (ugs.)
F pantalon *m* baggy
Bahnenrock *m* → Rock
Ballkleid *n* → Kleid
Ballonrock *m* → Rock
Basquina *f*, **Basquine** *f* (hist.)
E basquine
F basquine *f*, vasquine *f*
Bekleidung *f*
E clothes *pl*, clothing, garment(s)
F vêtements *mpl*, habillement *m*
Bermudas *pl*, Bermudashorts *pl*, Bermuda-Shorts *pl*
E Bermudas *pl*, Bermuda shorts *pl*
F bermuda *m*
Berthe *f* (hist.)
E bertha
F berthe *f*
Berufs(be)kleidung *f*
E workwear
F vêtements *mpl* de travail / professionnels
Bikerjacke *f*
E biker jacket
F blouson *m* motard, veste *f* de motard
Black Tie (kleiner Gesellschaftsanzug)
E black tie
F cravate noire
Blaumann *m* (ugs.), blauer Monteursanzug *m*
E (working) overalls *pl*, boiler suit BE, coveralls *pl* (AE, mit Ärmel)
F bleu *m* (de travail)
Blazer *m*
E blazer, blazer jacket
F blazer *m*
Bleistifthose *f* → Hose
Bleistiftrock *m* → Rock
Bloomers *f*
E bloomers
F bloomer *m*, pantalon *m* bouffant
Blouson *m/n*
E blouson, blouson jacket
F blouson *m*
Bluejeans *pl*, vgl. → Jeans
E blue jeans, dungarees AE
F blue-jean(s) *m*
Bluse *f*
E blouse
F blouse *f*, chemisier *m*
Body *m*
E bodysuit, (für Gymnastik/Tanz:) leotard
F body *m*, (Ballett:) justaucorps *m*, (Sport:) maillot *m*

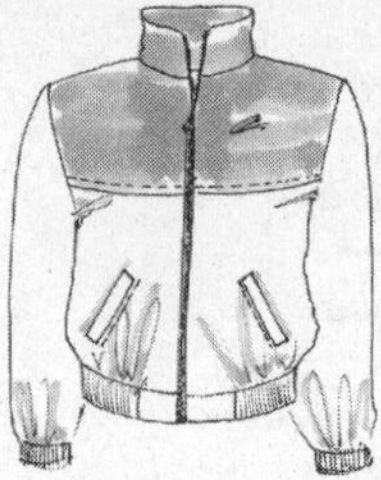

Blouson

Bolero *m*, Bolerojacke *f*
E bolero, bolero jacket
F boléro *m*

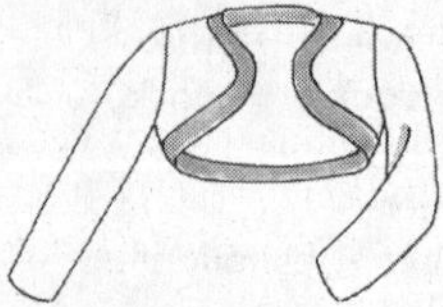

Bolero

Bomberjacke *f*
E bomber jacket
F blouson *m* bomber
Bootcut-Jeans *pl*
E boot-cut jeans
F jeans *mpl* bootcut
Boubou *n*
E boubou
F boubou *m*
Brautkleid *n* → Kleid: Hochzeitskleid
Bubble-Rock *m* → Rock
Bumster *f* → Hüfthose
Bundfaltenhose *f* → Hose
Burka *f*
E burka, burkha, burqa
F burka *f*, burqa *f*
Burnus *m*
E burnous, (AE auch:) burnoose
F burnous *m*
Bustier *n*
E bustier
F bustier *m*
Bustierkleid *n* → Kleid
Caban *m*, Cabanjacke *f*
E pea coat, pea jacket, reefer jacket
F caban *m*
Camouflage-Hose *f*, vgl. → Armeehose
E camouflage trousers *pl*, camouflage pants *pl* AE
F pantalon *m* camouflage
Can(n)ezou *m* (hist.)
E canezou (kurzes Damenjäckchen), canezou pelerine (Schulterkragen)
F canezou *m*, canesou *m*
Cape *n*, vgl. → Überwurf, → Umhang
E cape
F cape *f*
Caprihose *f* → Hose
Cardigan *m*
E cardigan
F cardigan *m*, gilet *m*

Cargohose *f*, Cargo-Pants *pl*
→ Hose

Carmenbluse *f*
E off-the-shoulder peasant blouse
F blouse *f* à épaules dégagées (à fronces)

Caban

Cashmere-Pullover *m*
→ Kaschmirpullover *m*

Casual Wear → Freizeitkleidung

Catsuit *m*
E catsuit
F combinaison *f* catsuit

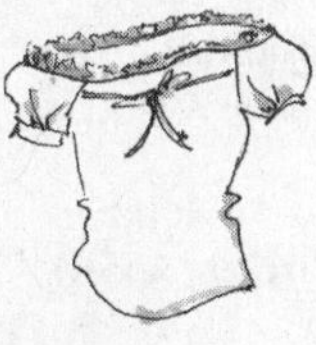

Carmenbluse

Chanel-Jacke *f*
E Chanel jacket
F veste *f* Chanel

Chanel-Kostüm *n*
E Chanel suit
F tailleur *m* Chanel

Chaps *fpl*
E chaps *pl*, chaparajos *pl* AE
F chaps *fpl*

Charlestonkleid *n* → Kleid

Cheongsam *n* → Kleid: Chinakleid

Chesterfield-Mantel *m*, Chesterfield *m*
E chesterfield (coat)
F (manteau *m*) chesterfield *m*

Chinakleid *n* → Kleid

Chinos *fpl*, Chino-Hose *f*, vgl. → Kakihose
E chinos *pl*, chino trousers *pl*, chino pants *pl* AE
F pantalon *m* «chino», chino *m* (pantalon *m* en toile de coton)

Chiton *m*
E chiton
F chiton *m*

Chlamys *f*
E chlamys
F chlamyde *f*

Cocktailkleid *n* → Kleid

Collegejacke *f*
E varsity jacket, letterman jacket
F blouson *m* teddy

Cordhemd *n*, Kordhemd *n*
E corduroy shirt
F chemise *f* en velours côtelé
Cordhose *f*, Kordhose *f*
→ Hose
Cotardie *f*, Cotte-hardie *f* (hist.)
E cotehardie, cote-hardie
F cotehardie *f*, cotte-hardie *f*
Cutaway *m*, Cut *m*
E morning coat BE, morning suit (BE, inkl. gestreifter Hose), cutaway (coat) AE, (Abk.:) cut AE
F jaquette *f*
Damenbekleidung *f*
E womenswear
F vêtements *mpl* pour femmes
Damenoberbekleidung *f* (DOB)
E womenswear
F vêtements *mpl* (de dessus) pour femmes
Daunenjacke *f*
E down jacket
F doudoune *f*
Daunenweste *f*
E down vest AE, (down) body warmer BE
F doudoune *f* sans manches, gilet *m* doudoune
Denimjacke *f* → Jeansjacke
Dhoti *m*
E dhoti
F dhotî *m*
Dinnerjackett *n*, Dinner-Jacket *n* (weißer Sommersmoking)
E white dinner jacket, white tuxedo jacket AE
F veste *f* de smoking blanche
Dirndl *n*, Dirndlkleid *n*
E dirndl, dirndl skirt (Rock)
F «dirndl» *m*, robe *f* tyrolienne (costume bavarois et autrichien)
DOB → Damenoberbekleidung
Doppelreiher *m*
E double-breasted coat (Mantel) / jacket (Jacke) / suit (Anzug)
F veston *m* (Sakko) / costume *m* / complet *m* (Anzug) / manteau *m* (Mantel) croisé
Dreiviertelhose *f* → Hose
Dschellaba *f*
E djellaba, jellaba, djellabah
F djellaba *f*
Dufflecoat *m*
E duffel coat
F duffel-coat *m*, duffle-coat *m*
Einreiher *m* vgl. → Zweireiher
E single-breasted coat (Mantel) / sports jacket (Sakko) / suit (Anzug)
F veston *m* (Sakko) / complet *m* / costume *m* (Anzug) / manteau *m* (Mantel) droit

Chesterfield-Mantel

Einreiher

Collegejacke

Cutaway

Dufflecoat

Frack

einreihige Jacke *f*
E single-breasted jacket
F veste *f* droite
Empirekleid *n* → Kleid
Etuikleid *n* → Kleid
Etuirock *m* → Rock
Faltenrock *m* → Rock
Five-Pocket-Jeans *pl*
E five-pocket jeans
F jean(s) *m* 5 poches
Flanellhemd *n*
E flannel shirt
F chemise *f* de flanelle
Flanellhose *f*
E flannel trousers *pl*, flannel pants *pl* AE, flannels *pl* (Herren)
F pantalon *m* de flanelle
Fleecejacke *f*
E fleece (jacket)
F (veste *f*) polaire *m*
Fleecepullover *m*
E fleece pullover, fleece jumper BE
F pull *m* polaire, polaire *m*
Fliegerjacke *f*
E flying jacket, aviator jacket
F blouson *m* aviateur, bombardier *m*
Frack *m*, vgl. → White Tie (Abb. S. 15)
E tailcoat, tails *pl* (ugs.), swallow-tailed coat, dress coat
F habit *m*, queue-de-pie *f*, frac *m*
Frackweste *f*
E dress waistcoat BE / vest AE
F gilet *m* d'habit blanc
Freizeithemd *n* → Hemd
Freizeitjacke *f*
E casual jacket, leisure jacket
F veste *f* de loisir(s), veste *f* sport
Freizeitkleidung *f*, vgl. → Sportswear
E leisurewear, casual wear, casuals
F vêtements *mpl* de loisirs, vêtements *mpl* sport
Friesennerz *m*, (scherzh. für:) → Öljacke
Funktionsbekleidung *f* → Funktionskleidung
Funktionskleidung *f*
E functional clothing
F vêtements *mpl* techniques
Fustanella *f*
E fustanella
F fustanelle *f*
Futteralkleid *n* → Kleid
Ganzanzug *m*
E unitard
F académique *m*
Gehrock *m* (für den Herrn)
E frock coat, Prince Albert coat AE
F redingote *f* (pour homme; hist.)
Gesellschaftskleidung *f*
E formal wear

F vêtements *mpl* de cérémonie, tenue *f* de cérémonie

Gewand *n*

E robe, gown, (Messgewand:) vestment

F vêtement *m*, habit *m*

Gilet *n* → Weste

Glockenrock *m* → Rock

Godetrock *m* → Rock

Golfhose *f* → Hose

HAKA (Herren- und Knabenoberbekleidung) → Herrenoberbekleidung

---

Hemd *n*

E shirt

F chemise *f*

Freizeithemd *n*

E casual shirt

F chemise *f* sport, chemise *f* de loisir(s)

Holzfällerhemd *n*

E lumberjack shirt

F chemise *f* (de) bûcheron

kurzärmeliges Hemd *n*

E short-sleeved shirt

F chemise *f* à manches courtes, chemisette *f*

Manschettenhemd *n*

E French cuff shirt, double cuff shirt BE

F chemise *f* à poignets mousquetaires

Das Hemd
The shirt
La chemise

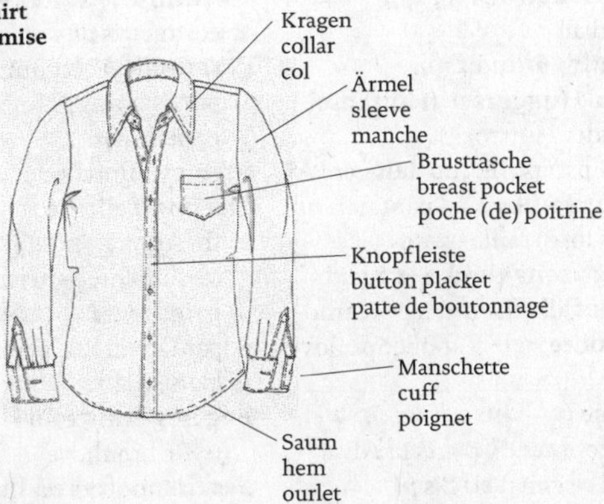

Hemdblusenkleid *n* → Kleid
Hemdkleid *n* → Kleid: Hemdblusenkleid
Henley Shirt *n*
E grandad shirt, granddad shirt, henley shirt AE
F (tee-shirt *m* à col) tunisien *m*
Herrenanzug *m*
E men's suit
F costume *m*, complet *m*
Herrenmode *f*
E men's fashion
F mode *f* masculine, mode *f* pour hommes
Herren(ober)bekleidung *f*
E menswear
F vêtements *mpl* (de dessus) pour hommes
Hidschab *m*, Hijab *m*
E hijab
F hijab *m*, hidjab *m*
Hip-Huggers *pl* (Hüfthose oder Hüftrock)
E hipsters BE, hip-huggers AE
F jupe *f* (Rock) / pantalon *m* (Hose) taille basse
Hochzeitskleid *n* → Kleid
Holzfällerhemd *n* → Hemd
Hoodie *m* → Kapuzenpullover

Hose *f*
E trousers *pl*, pants *pl* AE, (Freizeit-) slacks *pl*
F pantalon *m*
Hose *f*, ohne Bundfalten
E flat-front trousers *pl*, plain-front pants *pl* AE
F pantalon *m* sans pinces
Bleistifthose *f* → Zigarettenhose
Bundfaltenhose *f*
E pleated (front) trousers *pl*, pleated pants *pl* AE, front-pleated trousers *pl*
F pantalon *m* à pinces
Caprihose *f*
E pedal pushers *pl*, capri trousers *pl*
F (pantalon *m*) corsaire *m*
Cargohose *f*, Cargo-Pants *pl*
E cargo trousers *pl*, cargo pants *pl* AE
F (pantalon *m*) battle *m*
Cordhose *f*, Kordhose *f*
E corduroys *pl*, corduroy trousers *pl*, corduroy pants *pl* AE, cords *pl* (ugs.)
F pantalon *m* en velours côtelé
Dreiviertelhose *f*
E three-quarter length trousers *pl*, three-quarter length pants *pl* AE
F pantacourt *m*, pantalon *m* trois-quarts
eng geschnittene Hose *f*, vgl. → Röhrenhose
E slim trousers *pl*, slim pants *pl* AE, (sehr eng geschnit-

ten:) skinny trousers *pl*, skinny pants *pl* AE

F (pantalon *m*) slim *m*

gerade geschnittene Hose *f*, vgl. → Zigarettenhose

E straight-cut / -leg trousers *pl*, straight-cut / -leg pants *pl* AE

F pantalon *m* droit

Golfhose *f*

E golf trousers *pl*, golf pants *pl* AE

F pantalon *m* de golf

hoch geschnittene Hose *f* (an der Taille)

E high-rise trousers *pl*, high-rise pants *pl* AE

F pantalon *m* (à) taille haute

Hüfthose *f*

E hipsters, hip-huggers *pl* AE, low-rise trousers *pl*, low-rise pants *pl* AE, low-slung trousers *pl*, low-slung pants *pl* AE, (sehr tief sitzend:) bumsters *pl*

F pantalon *m* taille basse

Jodhpur *f*, Jodhpurhose *f*

E jodhpurs *pl*

F jodhpur *m*

Jogginghose *f*

E joggers *pl*, jogging trousers *pl*, jogging pants *pl* AE, sweatpants *pl*

F (pantalon *m* de) jogging *m*

Karottenhose *f*

E peg leg trousers *pl*, peg leg pants *pl* AE, pegtop trousers *pl*, pegtop pants *pl* AE, tapered trousers *pl*, tapered pants *pl* AE, carrot(-shaped) trousers *pl*, carrot pants *pl* AE

F pantalon *m* carotte

Khakihose *f*, Kakihose *f*

E khakis *pl*

F pantalon *m* kaki

Keilhose *f* → Steghose

Kniebundhose *f*

E knickerbockers *pl*, knickers *pl* AE, (knee) breeches *pl*

F knickerbockers *mpl*, (Abk.:) knickers *mpl*

Latzhose *f*

E dungarees *pl* BE, bib overalls *pl* AE

F salopette *f*

Lederhose *f*

E leather trousers *pl*, leather pants *pl* AE

F pantalon *m* en cuir

Pumphose *f*

E pantaloons *pl*, bloomers *pl* (hist.)

F pantalon *m* bouffant, (kurz, für Kinder:) culotte *f* bouffante, bloomer *m*

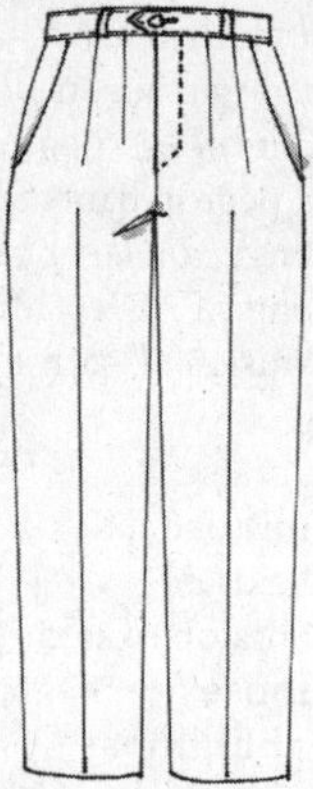

Bundfaltenhose

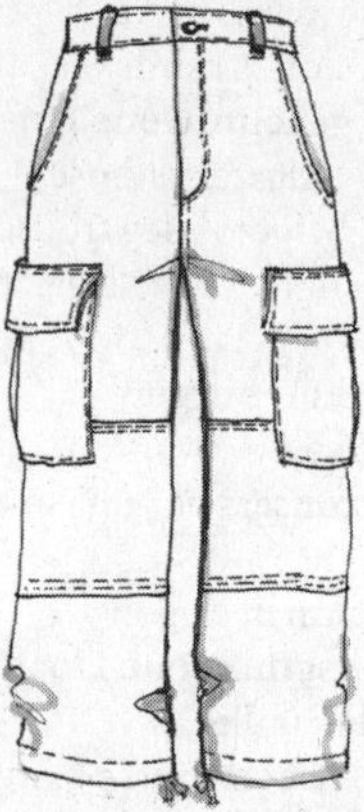

Cargohose

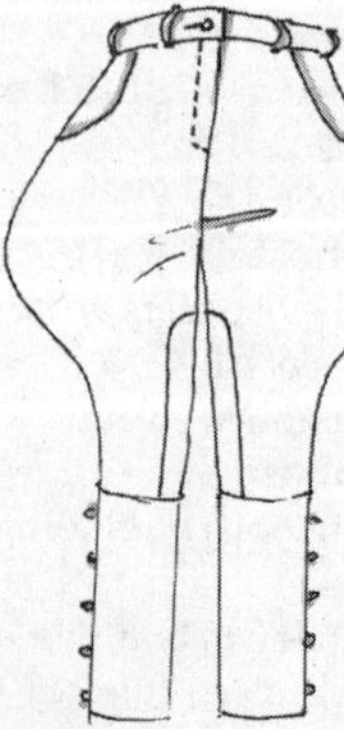

Jodhpur

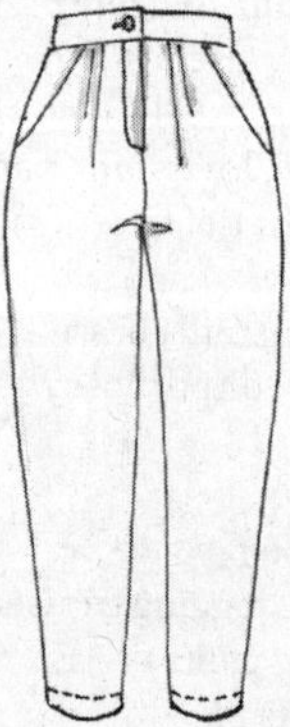

Karottenhose

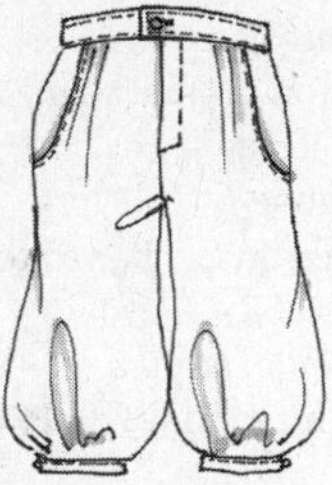

Kniebundhose

Sarouelhose

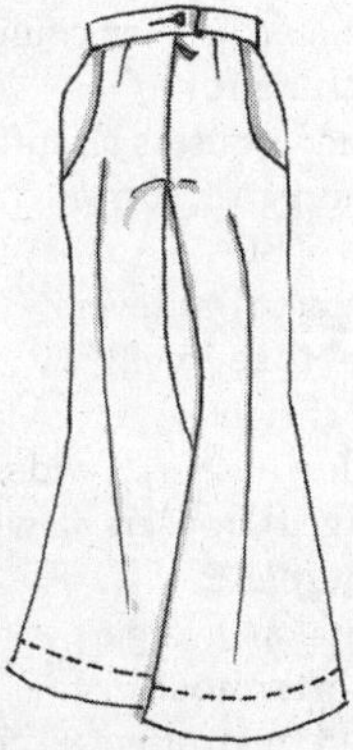

Schlaghose

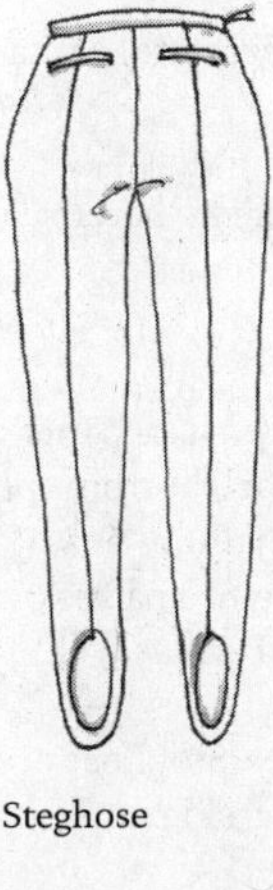

Steghose

Radfahrerhose *f*, auch: Radlerhose *f*
E cycling shorts *pl*, cycle shorts *pl*
F (oberhalb des Knies:) cuissard *m* cycliste, cycliste *m*, (unterhalb des Knies:) corsaire *m* de cycliste

Reithose *f*, vgl. → Jodhpurhose
E (riding) breeches *pl*, jodhpurs *pl*
F culottes *fpl* d'équitation, pantalon *m* d'équitation, jodhpur *m*

Röhrenhose *f*, vgl. → Zigarettenhose
E drainpipe trousers *pl*, drainpipes *pl*
F pantalon *m* cigarette, pantalon *m* fuselé

Sarouelhose *f*
E harem trousers *pl*, harem pants *pl* AE
F sarouel *m*

Schlaghose *f*
E flare trousers *pl*, flare pants *pl* AE, flares *pl*, bell bottoms *pl*
F pantalon *m* à jambes évasées, pantalon *m* à pattes d'éléphant / à pattes d'ef (ugs.)

Skihose *f*, vgl. → Steghose
E ski trousers *pl*, ski pants *pl* AE
F pantalon *m* de ski

Steghose *f*
E stirrup trousers *pl*, stirrup pants *pl* AE, (veraltet:) ski pants *pl*
F (pantalon *m*) fuseau *m* (à sous-pieds)

Stretchhose *f*
E stretch trousers *pl*, stretch pants *pl* AE
F pantalon *m* stretch

tiefsitzende Hose *f* → Hüfthose

Tunnelzughose *f* (Hose *f* mit Zugbändern)
E drawstring trousers *pl*, drawstring pants *pl* AE
F pantalon *m* à lien coulissant

Umschlaghose *f*
E cuffed trousers *pl*, cuffed pants *pl* AE, turn-up trousers *pl* BE
F pantalon *m* à revers

weite Hose *f*, vgl. → Schlaghose
E wide trousers *pl*, wide-leg(ged) trousers *pl*, wide pants *pl* AE
F pantalon *m* large

Zigarettenhose *f*
E cigarette trousers *pl*, cigarette pants *pl* AE
F pantalon *m* cigarette

Zip-Off Hose *f*
E zip off trousers *pl*, zip off pants *pl* AE
F pantalon *m* zipp-off (à jambes amovibles)

Hosenanzug *m* (Damen), vgl. → Kostüm
E trouser suit, pantsuit AE, pants suit AE
F tailleur-pantalon *m*
Hosenrock *m* → Rock
Hotpants *fpl*, Hot Pants *fpl*
E hot pants *pl*
F microshort *m*, short *m* très court
Houppelande *f* (hist.)
E houppelande
F houppelande *f*
Hüfthose *f* → Hose
Humpelrock *m* → Rock
Jacke *f*
E jacket
F veste *f*
Jacke *f* mit Reißverschluss
E zip jacket
F veste *f* à fermeture éclair, veste *f* zippée
Jackett *n*, vgl. → Sakko
E (suit) jacket
F veste *f* (de costume), veston *m* (Sakko)
Janker *m*
E Bavarian jacket
F veste *f* bavaroise
Jeans *pl*, Jeanshose *f*, vgl. → Five-Pocket-Jeans *f*
E jeans *pl*, denims *pl*
F jean(s) *m*
Jeanshemd *n*
E denim shirt
F chemise *f* en jean
Jeanshose *f* → Jeans
Jeansjacke *f*
E denim jacket, jean jacket
F veste *f* en jean
Jeansrock *m* → Rock
Jodhpurhose *f* → Hose
Jogginganzug *m*
E tracksuit, sweatsuit (Sweatshirt + -hose)
F jogging *m*, training *m*, survêtement *m*, survêt *m* (ugs.)
Jogginghose *f* → Hose
Justaucorps *m* (hist.)
E justaucorps
F justaucorps *m*
Kaftan *m*
E caftan, kaftan
F cafetan *m*, caftan *m*
Kamelhaarmantel *m*
E camel-hair coat
F manteau *m* en poil de chameau
Kampfanzug *m*
E battledress, combat dress
F tenue *f* de combat, (nur das Blouson:) battle-dress *m*
Kanezou *m* → Canezou

Kapuzenjacke *f*, auch: Hoody Jacke *f*
E hooded jacket, hoodie (jacket), hoody (jacket)
F veste *f* à capuche/capuchon
Kapuzenkleid *n* → Kleid
Kapuzenmantel *m*
E hooded coat
F manteau *m* à capuche/capuchon
Kapuzenpullover *m*, Kapuzenpulli *m*, auch: Hoodie *m*
E hoody, hoodie, hooded pullover
F pull *m* (à) capuche
Karohemd *n*
E checked shirt, check shirt, chequered BE / checkered AE shirt
F chemise *f* à carreaux
Karottenhose *f* → Hose
Kasack *m*
E casaque
F casaque *f* (veraltet)
Kaschmirpullover *m*, Cashmere-Pullover *m*
E cashmere pullover, cashmere jumper BE
F pull-over *m* en cachemire/cashmere
Kasel *f*, auch: Casula *f*
E chasuble
F chasuble *f*
Kilt *m*, vgl. → Schottenrock
E kilt
F kilt *m*, jupe *f* écossaise
Khakihose *f* → Hose
Kimono *m*
E kimono
F kimono *m*
Kinderbekleidung *f*
E children's wear
F vêtements *mpl* pour enfants
Kindermode *f*
E children's fashion
F mode *f* pour enfants, mode *f* enfantine
Kinderoberbekleidung *f*
E children's wear
F vêtements *mpl* (de dessus) pour enfants
Kittel *m*
E smock, (weiß/Labor-:) lab coat, (seltener:) lab smock
F sarrau *m*, blouse *f* (de travail)
Kittelschürze *f*
E apron
F robe-tablier *f*

Kleid *n*
E dress
F robe *f*
Abendkleid *n*
E evening dress, (lang:) evening gown, formal dress AE
F robe *f* du soir, robe *f* de soirée

A-Linien-Kleid *n*, vgl. → ausgestelltes Kleid
E A-line dress, trapeze dress
F robe *f* ligne A, robe *f* trapèze

asymmetrisches Kleid *n*
E asymmetrical dress
F robe *f* asymétrique

ausgestelltes Kleid *n*, vgl. → A-Linien-Kleid
E flared dress, (ab den Schultern stark ausgestellt:) tent dress
F robe *f* évasée

Ballkleid *n*
E ball gown, ball dress
F robe *f* de bal

Ballonkleid *n*
E puffball dress, bubble dress, balloon dress
F robe *f* ballon, robe *f* boule, robe *f* bouffante

Bustierkleid *n*
E bustier dress
F robe *f* bustier

Charlestonkleid *n*
E Charleston dress
F robe *f* Charleston

Chinakleid *n*, auch: Cheongsam *n*, Qipao *n*
E cheongsam, (traditional) Chinese dress, mandarin dress, qipao
F robe *f* chinoise (traditionnelle), qipao *f*

Cocktailkleid *n*
E cocktail dress
F robe *f* de cocktail

Empirekleid *n*
E empire dress, empire-line dress
F robe *f* empire, robe *f* taille empire

Etuikleid *n* → Futteralkleid

Futteralkleid *n*, auch: Etuikleid *n*
E sheath (dress)
F fourreau *m*, robe *f* fourreau

Hemdblusenkleid *n*
E shirt dress
F robe *f* chemisier

Hemdkleid *n* → Hemdblusenkleid

Hochzeitskleid *n*, Brautkleid *n*
E wedding dress, bridal dress, bridal gown
F robe *f* de mariée

Kapuzenkleid *n*
E hooded dress
F robe *f* à capuche

Mantelkleid *n*
E coat dress
F robe *f* manteau

Maxikleid *n*, Maxi *n* (ugs.)
E maxi-dress
F robe *f* longue (jusqu'à la cheville)

Charlestonkleid

Empirekleid

Futteralkleid

Chinakleid

Prinzesskleid

Hemdblusenkleid

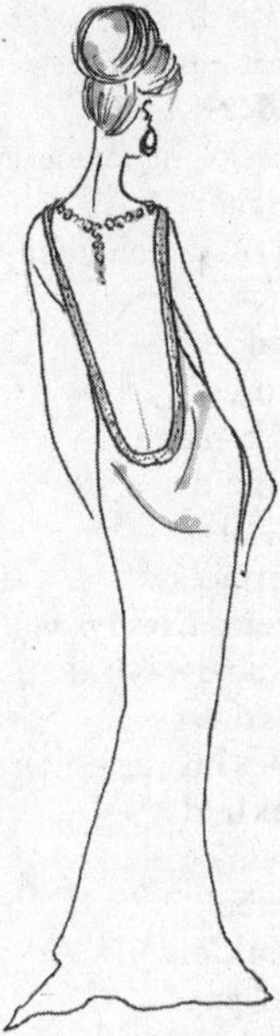

rückenfreies Kleid

Wickelkleid

Minikleid *n*
E minidress
F minirobe *f*
Mondrian-Kleid *n*
E Mondrian dress
F robe *f* Mondrian
Neckholder-Kleid *n*
E halterneck / halter-neck dress, halter dress
F robe *f* tour de cou, robe *f* dos nu
Paillettenkleid *n*
E sequin dress
F robe *f* à paillettes
Prinzesskleid *n*
E princess dress
F robe *f* princesse
rückenfreies Kleid *n*, vgl. → Neckholder-Kleid
E backless dress
F robe *f* dos nu, dos-nu *m*
Schlauchkleid *n*
E tube dress
F robe *f* tube
Schleppenkleid *n*, Kleid *n* mit Schleppe
E dress with a train, train dress
F robe *f* à traîne
Schwangerschaftskleid *n*
E maternity dress
F robe *f* de grossesse
Shiftkleid *n*
E shift dress
F robe *f* droite
Spitzenkleid *n*
E lace dress
F robe *f* en dentelle
Strandkleid *n*
E beach dress
F robe *f* de plage
trägerloses Kleid *n* → Bustierkleid
E strapless dress, bustier dress
F robe *f* bustier, robe *f* sans bretelles
Tunikakleid *n*
E tunic dress
F robe *f* tunique
Wickelkleid *n*
E wrap dress, wrap-around dress, wrap-over dress
F robe *f* portefeuille

Kleiderrock *m*
E pinafore, pinafore dress BE, jumper AE
F robe *f* chasuble
Kleidung *f*, vgl. → Bekleidung
E clothes *pl*, clothing, apparel, garments *pl*
F vêtements *mpl*
Kleidungsstück *n*
E article of clothing, garment
F vêtement *m*
kleines Schwarzes *n*
E little black dress, LBD
F petite robe *f* noire
Knickerbocker(s) *pl*
E knickerbocker(s)

F knickerbockers *mpl*, knickers *mpl*

Kniebundhose *f* → Hose

Konfektion *f*

E ready-to-wear (clothing)

F prêt-à-porter *m*

Kordhose *f* → Hose: Cordhose

Kostüm *n* (DOB), vgl. auch → Hosenanzug

E women's suit (allg.), (Jacke und Rock:) (skirt) suit, (Jacke und Hose:) trouser suit, pants suit AE, pantsuit AE

F tailleur *m* (Jacke und Rock), tailleur-pantalon *m* (Jacke und Hose)

Kostüm *n* (Verkleidung)

E costume

F costume *m*

Krinoline *f* → Kapitel: Tag- und Nachtwäsche

Küchenschürze *f*

E kitchen apron

F tablier *m* de cuisine

kugelsichere Weste *f* → schusssichere Weste

kurzärmeliges Hemd *n* → Hemd

Kurzmantel *m*

E short coat

F manteau *m* court

Latzhose *f* → Hose

Latzrock *m* → Rock

Laufshorts *pl*

E running shorts *pl*

F short *m* de course à pied / de running

Lederhose *f* → Hose

Lederhose *f* (Tracht)

E lederhosen

F «lederhose» *m/f*, culotte *f* de cuir mi-longue (bavaroise ou autrichienne)

Laufshorts

Lederjacke *f*

E leather jacket

F veste *f* en cuir, blouson *m* en cuir

Lederrock *m*

E leather skirt

F jupe *f* en cuir

Leggings *pl*, auch: Leggins *pl*

E leggings *pl*

F leggings *fpl*, leggins *fpl*, caleçon *m*

Lendenschurz *m*

E loincloth

F pagne *m*

Lodenmantel *m*

E loden coat

F (manteau *m* de) loden *m*

Mac Farlane *m*
E macfarlane
F macfarlane *m*
Mackintosch *m*
E mackintosh, macintosh, (BE ugs.:) mac(k)
F imperméable *m*, mackintosh *m* (veraltet)
Manschettenhemd *n* → Hemd
Mantel *m*
E coat, overcoat (lang und warm)
F manteau *m*, pardessus *m* (nur für den Mann)
Mantelet *n* (hist.)
E mantlet
F mantelet *m*
Mantelkleid *n* → Kleid
Mantilla *f* → Kapitel: Accessoires
Maojacke *f*
E Mao jacket
F veste *f* Mao
Maßanzug *m*
E (höchste Ansprüche, nach Maß und handgemacht:) bespoke suit, (nach Maß, evtl. maschinell hergestellt:) made-to-measure suit, tailor-made suit
F costume *m* sur mesure, complet *m* sur mesure
Maßkleidung *f*
E bespoke clothes *pl* / clothing, made-to-measure clothes *pl* / clothing
F vêtements *mpl* sur mesure
Matrosenanzug *m*
E sailor suit
F costume *m* marin
Matrosenbluse *f*
E middy blouse (hist.)
F chemise *f* de costume marin
Maxikleid *n* → Kleid
Maxirock *m* → Rock
Midirock *m* → Rock
Minikleid *n* → Kleid
Minirock *m* → Rock
Mondrian-Kleid *n* → Kleid
Motorradjacke *f*, vgl. → Bikerjacke
E motorcycle jacket
F veste *f* de moto/motard, blouson *m* (de) motard
Nadelstreifenanzug *m*
E pinstripe (suit)
F costume *m* à rayures tennis, complet *m* à rayures tennis
Neckholder-Kleid *n* → Kleid
Neckholder-Top *n*, vgl. → Top, rückenfrei
E halter-neck top, halter top
F haut *m* tour de cou, dos-nu *m*
Nehru-Jacke *f*
E Nehru jacket
F veste *f* Nehru
Nerzmantel *m*
E mink (coat)

F manteau *m* de vison

Norwegerpullover *m*
→ Pullover

Oberbekleidung *f*
E clothes *pl*
F vêtements *mpl* (de dessus)

Neckholder-Top

Oberhemd *n* → Hemd

Oberteil *n*
E top
F haut *m*

Öljacke *f* (scherzh. auch: Friesennerz), Ölzeug *n*
E oilskin (jacket)
F ciré *m*, veste *f* cirée

Outfit *n*
E oufit
F tenue *f*

Overall *m*, vgl. → Arbeitsanzug
E jumpsuit
F combinaison *f*

Paillettenkleid *n* → Kleid

Paletot *m*
E paletot
F paletot *m*

Palla *f*
E palla
F palla *f*

Pallium *n*
E pallium
F pallium *m*

Paludamentum *n*
E paludamentum
F paludamentum *m*

Pareo *m*
E pareo, pareu
F paréo *m*

Parka *m*
E parka
F parka *m/f*

Parka

Pelerine *f* (ärmelloser Umhang), vgl. → Umhang
E (hist.:) pelerine, (heute:) cape
F pèlerine *f*
Pelzmantel *m*
E fur (coat)
F manteau *m* de fourrure

Pelerine

Pelzstola *f*
E fur stole
F étole *f* de fourrure
Pencilskirt *m* → Rock: Bleistiftrock
Peplos *m*
E peplos
F péplum *m*
Persianermantel *m*
E Persian lamb coat
F manteau *m* d'astrakan
Pilotenjacke *f* → Fliegerjacke
Plisseerock *m* → Rock
Plusfours *pl*, vgl. → Knickerbocker(s)
E plus fours *pl*
F knickerbockers *mpl* (de golf, larges et plus longs)
Polohemd *n*, Poloshirt *n*
E polo shirt
F polo *m*
Poloshirt *n* → Polohemd
Poncho *m*
E poncho
F poncho *m*
Prinzesskleid *n* → Kleid

Pullover *m*, Pulli *m*
E pullover, sweater, jumper BE
F pull-over *m*, pull *m*, (veraltet:) chandail *m*
Norwegerpullover *m*
E Norwegian pullover, Norwegian sweater
F pull *m* norvégien
Zopfmuster-Pullover *m*
E cable-knit sweater / pullover / jumper BE
F pull *m* à torsades

Pullunder *m*
E slipover, tank top BE, sweater vest AE
F pull *m* débardeur *m*
Pumphose *f* → Hose
Qipao *n* → Kleid: Chinakleid
Radfahrerhose *f*, Radlerhose *f* → Hose
Raglan *m*, Raglanmantel *m*
E raglan, raglan coat
F raglan *m*, manteau *m* raglan

Raglan-Shirt *n*
E raglan shirt
F t-shirt *m* raglan

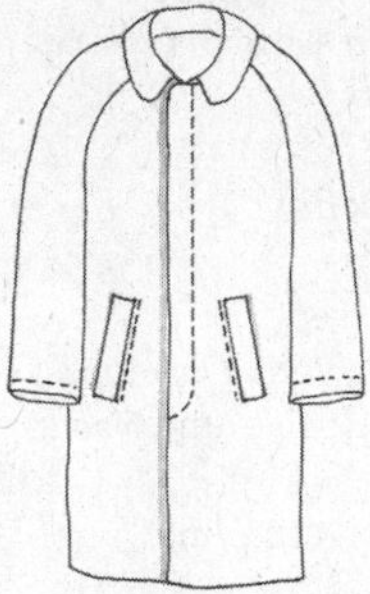

Raglanmantel

Redingote *f* (hist., für den Mann)
E frock coat, redingote (hist.)
F redingote *f*
Redingote *f* (für die Frau)
E redingote
F redingote *f*
Regencape *n*
E rain cape, waterproof cape
F cape *f* de pluie
Regenjacke *f*, vgl. → Windjacke
E rain jacket, waterproof jacket
F veste *f* imperméable, veste *f* de pluie
Regenkleidung *f*
E rainwear, waterproofs *pl*
F vêtements *mpl* imperméables
Regenmantel *m*
E raincoat, mackintosh BE, mac (ugs.) BE, waterproof (coat) BE
F imperméable *m*, manteau *m* de pluie
Reifrock *m* → Rock
Reithose *f* → Hose
Robe *f* → Abendkleid, → Amtsrobe

Rock *m*
E skirt
F jupe *f*
A-Linien-Rock *m*
E A-line skirt
F jupe *f* trapèze, jupe *f* ligne A
ausgestellter Rock *m*
E flared skirt
F jupe *f* évasée
Bahnenrock *m*
E gored skirt, panel(led) skirt
F jupe *f* à panneaux, (selten:) jupe *f* à lés
Ballonrock *m*
E bubble skirt, balloon skirt, puffball skirt
F jupe *f* ballon, jupe *f* boule
Bleistiftrock *m*, vgl. → Etuirock
E pencil skirt
F jupe *f* crayon
Bubble-Rock *m* → Ballonrock

Etuirock *m*, vgl. → Bleistiftrock
E sheath skirt
F jupe *f* fourreau

Faltenrock *m*
E pleated skirt
F jupe *f* à plis, jupe *f* plissée

gerader Rock *m*
E straight skirt
F jupe *f* droite

geschlitzter Rock *m*
→ Schlitzrock

Glockenrock *m*
E bell skirt
F jupe *f* cloche

Godetrock *m*
E godet skirt
F jupe *f* à godets

Hosenrock *m*
E culottes, divided skirt (veraltet)
F jupe-culotte *f*

Humpelrock *m*
E hobble skirt
F jupe *f* entravée

Jeansrock *m*
E jeans skirt, denim skirt
F jupe *f* en jean

Latzrock *m*
E skirtall, overall skirt
F jupe *f* salopette

Maxirock *m*, langer Rock *m*
E maxi-skirt, maxi, long skirt
F jupe *f* longue (longueur cheville)

Midirock *m*
E midi, midi-skirt
F jupe *f* à (longueur) mi-mollet, jupe *f* mi-longue

Minirock *m*, Mini *m* (ugs.)
E miniskirt
F minijupe *f*

Plisseerock *m*
E plissé skirt
F jupe *f* plissée

Reifrock *m*, vgl. → Krinoline im Kapitel: Tag- und Nachtwäsche
E hoop skirt, crinoline
F crinoline *f*

Rüschenrock *m*
E ruffle(d) skirt, (sehr kurz:) rah-rah skirt
F jupe *f* à volants

Schlitzrock *m*
E slit skirt
F jupe *f* fendue

Schottenrock *m* → Kilt
E kilt, Scottish skirt
F jupe *f* écossaise

Schlauchrock *m*
E tube skirt
F jupe *f* tube

Stufenrock *m*
E tiered skirt
F jupon *m*

Tellerrock *m*
E circle skirt, circular skirt
F jupe *f* circulaire, jupe *f* parapluie

A-Linien-Rock

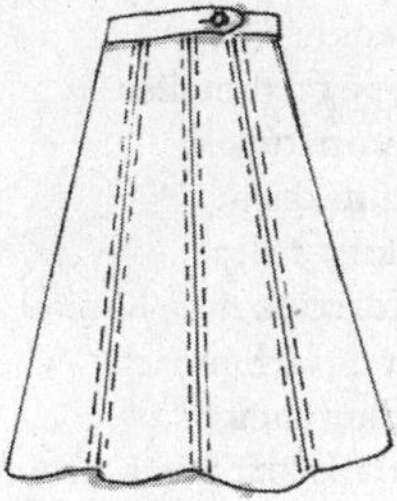

Bahnenrock

Ballonrock

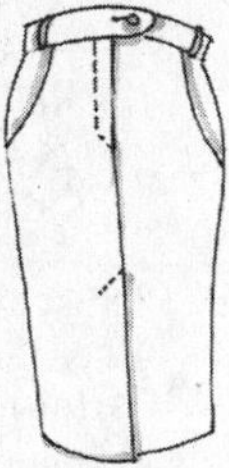

Bleistiftrock

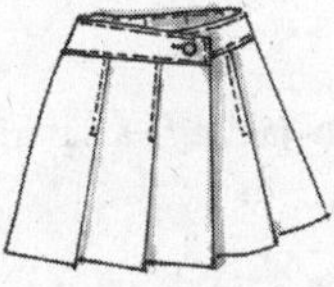

Faltenrock

Glockenrock

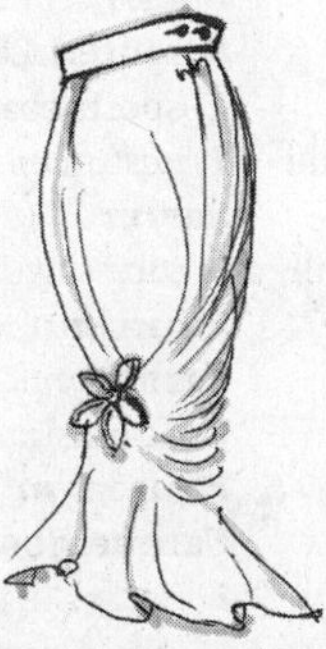

Humpelrock

Trägerrock *m*
E skirt with braces BE, suspender skirt AE
F jupe *f* à bretelles
Tulpenrock *m*
E tulip skirt
F jupe *f* tulipe
Unterrock *m* → Kapitel: Tag- und Nachtwäsche
Wickelrock *m*
E wrap skirt, wrap-around skirt, wrap-over skirt
F jupe *f* portefeuille
Zipfelrock *m*
E handkerchief skirt
F jupe *f* à pointes / à volants asymétriques

Rockkostüm *n* → Kostüm
Röhrenhose *f* → Hose
Rolli *m* (ugs.) → Rollkragenpullover
Rollkragenpullover *m*, Rollkragenpulli *m* (ugs.)
E polo neck jumper (BE, anliegender Kragen), roll-neck jumper BE, turtleneck (pullover) AE
F pull(-over) *m* à col roulé
rückenfreies Kleid *n* → Kleid
Rüschenbluse *f*
E frilly blouse, ruffled blouse
F chemisier *m* à ruches / à volants
Rüschenrock *m* → Rock

Rugbyshirt *n*
E rugby shirt
F polo *m* (de) rugby
Safarijacke *f*
E safari jacket, bush jacket
F (veste *f*) saharienne *f*

Safarijacke

Saharienne-Jacke *f* → Safarijacke
Sakko *m/n*
E sports jacket, (AE auch:) sports coat, sport jacket
F veston *m*
Sari *m*
E sari
F sari *m*
Sarong *m*
E sarong
F sarong *m*
Sarouelhose *f* → Hose

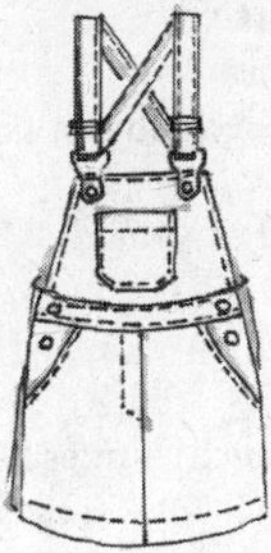

Latzrock

Hosenrock

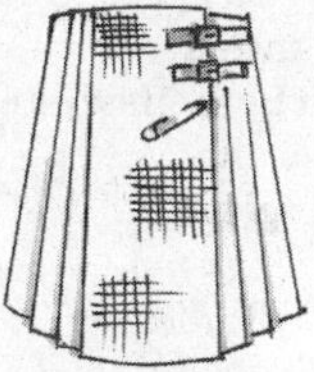

Schottenrock

Stufenrock

Tellerrock

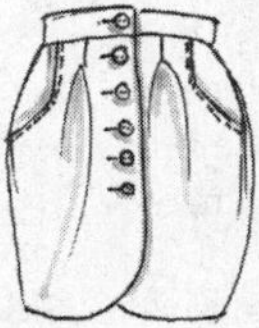

Tulpenrock

Wickelrock

Schaffelljacke *f*
E sheepskin jacket BE, shearling jacket AE
F canadienne *f*, veste *f* en peau de mouton
Schlaghose *f* → Hose
Schlauchkleid *n* → Kleid
Schlauchrock *m* → Rock
Schleppenkleid *n* → Kleid
Schlitzrock *m* → Rock
Schluppenbluse *f*
E tie-neck blouse, bow blouse
F blouse *f* / chemisier *m* (à) lavallière
Schottenrock *m* → Rock → Kilt
Schürze *f*
E apron
F tablier *m*
schusssichere Weste *f*, auch: kugelsichere Weste *f*
E bulletproof vest
F gilet *m* pare-balles
Schutzkleidung *f*
E protective clothing
F vêtements *mpl* de protection
Schwangerschaftshose *f*
E maternity trousers *pl*, maternity pants *pl* AE
F pantalon *m* de maternité / de grossesse
Schwangerschaftskleid *n* → Kleid
Schwangerschaftskleidung *f* → Umstandskleidung
Seidenbluse *f*
E silk blouse
F blouse *f* / chemisier *m* en soie
Shiftkleid *n* → Kleid
Shorts *pl*
E shorts *pl*
F short *m*
Shrug *m*, auch: kurzes Bolerojäckchen *n* (aus Strick), Ärmeljäckchen *n*
E shrug
F gilet *m* boléro, boléro *m* en maille
Sicherheitsweste *f* → Warnweste
Singlet *n*
E singlet
F débardeur *m*

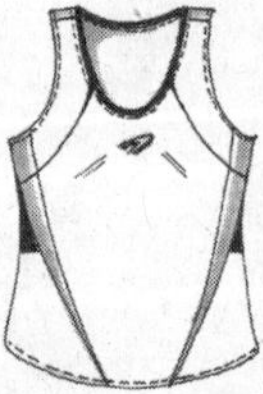

Singlet

Skianzug *m*
E ski suit, ski outfit, ski jumpsuit (Einteiler)
F combinaison *f* de ski, tenue *f* de ski
Skihose *f* → Hose

Skijacke *f*
E ski jacket
F veste *f* de ski
Skikleidung *f*
E ski clothes *pl*, skiwear
F vêtements *mpl* de ski
Skorts *pl*, vgl. → Hosenrock
E skort(s)
F jupe *f* short
Smoking *m*, vgl. → Black Tie
E dinner jacket BE, tuxedo AE, tux (ugs.) AE
F smoking *m*, smok *m* (ugs.)

Smoking

Smokinghemd *n*
E dress shirt BE, formal / tuxedo shirt AE
F chemise *f* de smoking
Smokinghose *f*
E dinner suit trousers *pl*, tuxedo pants *pl* AE
F pantalon *m* de smoking
Smokingweste *f*
E dinner suit waistcoat BE, tuxedo vest AE
F gilet *m* de smoking
Sommerhose *f*
E summer trousers *pl*, summer pants *pl* AE
F pantalon *m* d'été
Sommerkleid *n*
E summer dress
F robe *f* d'été
Sommermantel *m*
E summer coat
F manteau *m* d'été
Sommermode *f*
E summer fashion
F mode *f* d'été
Soutane *f*, Sutane *f*
E soutane
F soutane *f*
Spaghettiträger-Top *n* / -Hemd *n*
E spaghetti strap top/vest BE, camisole (meist Unterwäsche)
F débardeur *m* à fines bretelles, caraco *m* (meist Unterwäsche)
Spenzer *m*
E spencer
F spencer *m*
Spitzenkleid *n* → Kleid

Sportanzug *m*, vgl. → Trainingsanzug, → Jogginganzug
E track suit, sports outfit
F combinaison *f* (de sport), tenue *f* de sport

Sportbekleidung *f*, vgl. → Activewear, → Sportswear
E activewear, (Sport- und Freizeitkleidung:) sportswear
F vêtements *mpl* de sport, (Sport- und Freizeitkleidung:) sportwear *m*, sportswear *m*

Spenzer

Sporthose *f*, vgl. → Trainingshose, → Jogginghose
E tracksuit trousers *pl*, trackpants *pl* AE, sports trousers *pl*, sports pants *pl* AE
F pantalon *m* de sport (lang), short *m* de sport (kurz), pantalon *m* de training

Sportmode *f*
E activewear fashion
F mode *f* sport

Sportswear *f* (sportliche Freizeitkleidung)
E sportswear
F sportwear *m*, sportswear *m*

Staubmantel *m*
E dustcoat, duster (coat) (BE, für die Dame)
F cache-poussière *m*

Steghose *f* → Hose

Steppjacke *f*
E quilted jacket
F veste *f* matelassée

Stola *f*
E stole
F étole *f*

Strandkleid *n* → Kleid

Strandkleidung *f*
E beachwear
F vêtements *mpl* de plage

Stretchhose *f* → Hose

Strickjacke *f*, vgl. → Cardigan
E cardigan
F gilet *m*, (geknöpft:) cardigan *m*

Strickjacke *f* mit Reißverschluss
E cardigan with zip, zip cardigan, zip-up cardigan BE
F gilet *m* zippé / à fermeture éclair

Strickkleidung *f*
E knitwear, knits *pl*

F articles *mpl* tricotés, vêtements *mpl* en tricot, articles *mpl* en maille

Stufenrock *m* → Rock

Sweater *m*, veraltet für → Pullover

Sweatshirt *n*

E sweatshirt

F sweat-shirt *m*, (Abk.:) sweat *m*

Tank-Top *n*

E vest BE, tank top AE

F débardeur *m*, marcel *m* (ursprünglich nur für Herren)

Taufkleid *n*

E christening robe, christening dress

F robe *f* de baptême

Tellerrock *m* → Rock

Thermobekleidung *f*

E thermal garments *pl* / clothing

F vêtements *mpl* thermiques

Toga *f*

E toga

F toge *f*

Top *n*

E top

F top *m*, haut *m* (féminin et léger)

Top *n*, rückenfrei, vgl. → Neckholder-Top

E backless top

F (haut *m* / top *m*) dos-nu *m*, bain de soleil *m*

Top *n* mit gekreuzten Trägern

E criss-cross top

F haut *m* / top *m* à bretelles croisées

Tracht *f* (Volks-)

E traditional/national costume

F costume *m* populaire, tenue *f* / costume *m* folklorique, costume *m* régional

Trägerhemd *n*, vgl. → Achselhemd

E vest BE, tank top AE

F débardeur *m*

trägerloses Kleid *n* → Kleid

trägerloses Top *n*

E strapless top

F haut *m* sans bretelles, bustier *m*

Trägerrock *m* → Rock

Trainingsanzug *m*

E tracksuit, warm-ups *pl* AE

F training *m*, jogging *m*, survêtement *m*, survêt *m* (Abk. ugs.)

Trainingshose *f*

E tracksuit trousers *pl*, trackpants *pl* (ugs.)

F pantalon *m* de jogging, pantalon *m* de training, pantalon *m* de survêtement

Trauerkleidung *f*
E mourning clothes/wear
F vêtements *mpl* de deuil
Trenchcoat *m*, Trench *m*
E trench coat, trench
F trench-coat *m*
Trikot *n* (Sport)
E jersey, (Radtrikot auch:) maillot
F maillot *m*
Triathlon-Einteiler *m*
E tri-suit
F combinaison *f* triathlon
Troyer *m*
E half-zip pullover/sweater, half-zip jumper BE
F pull *m* camionneur

Tschador *m*
E chador, chaddar, chuddar
F tchador *m*
T-Shirt *n*
E tee shirt, T-shirt, tee AE
F t-shirt *m*, teeshirt *m*, tee-shirt *m*
T-Shirt *n* mit halsnahem rundem Ausschnitt
E crew neck T-shirt, crew neck
F tee-shirt *m* ras du cou, ras-du-cou *m*
Tunika *f*
E tunic
F tunique *f*
Tunikakleid *n* → Kleid
Tunnelzughose *f* → Hose

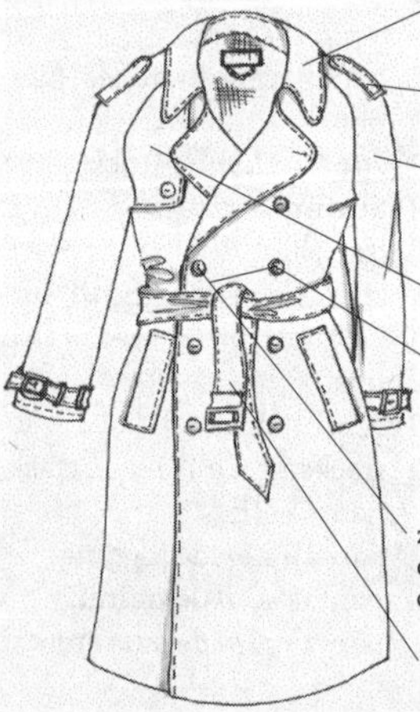

Der Trenchcoat
The trench coat
Le trench-coat

Turnanzug *m*
E (gymnastics) leotard
F justaucorps *m*, maillot *m* de gymnastique
Tulpenrock *m* → Rock
Tutu *n*
E tutu
F tutu *m*

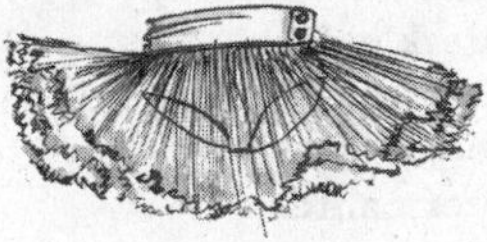

Tutu

Tuxedo *m* → Smoking
Tweedjacke *f*
E tweed jacket
F veste *f* en tweed
Twinset *m/n*
E twinset, twin set (AE)
F twin-set *m*
Überwurf *m* → Cape, → Umhang
Überzieher *m* (veraltet) → Mantel
Ulster *m*
E ulster
F ulster *m*
Umhang *m*, vgl. → Cape, → Pelerine
E cape, cloak, mantle (ärmelloser Damenumhang)
F cape *f*, pèlerine *f*
Umschlaghose *f* → Hose
Umstandskleid *n*
E maternity dress
F robe *f* de grossesse
Umstandskleidung *f*
E maternity wear, maternity clothing
F vêtements *mpl* de grossesse, vêtements *mpl* de maternité
Uniform *f*
E uniform
F uniforme *m*
Warnweste *f*, Sicherheitsweste *f*
E safety vest, high visibility vest
F gilet *m* de sécurité

Ulster

Wathose *f*
E waders *pl*
F waders *mpl*
Wendejacke *f*
E reversible jacket
F veste *f* réversible
Weste *f*
E waistcoat BE, vest AE
F gilet *m*

Weste

White Tie (großer Gesellschaftsanzug)
E white tie
F cravate blanche
Wickelbluse *f*
E wrap blouse, wrap-around blouse, wrap-over blouse
F chemisier *m* / blouse *f* cache-cœur
Wickelkleid *n* → Kleid
Wickeltop *n*
E wrap-around top, wrap-over top
F cache-cœur *m*
Wickelrock *m* → Rock
Windbreaker *m* → Windjacke
Windjacke *f*, Windbreaker *m*
E windbreaker, windcheater BE, cagoule (leicht, wasserdicht, mit Kapuze)
F coupe-vent *m*, K-Way ™ *m* (leicht, in eingebauter Hüfttasche zu verstauen)
Winterkleid *n*
E winter dress
F robe *f* d'hiver
Wintermantel *m*
E winter coat
F manteau *m* d'hiver
Witzschoura *f* (hist.)
E witchoura mantle
F witz-choura *f*, witchoura *f*
Zigarettenhose *f* → Hose
Zipfelrock *m* → Rock
Zip-Off Hose *f* → Hose
Zoot Suit *m*
E zoot suit
F zoot suit *m*
Zopfmuster-Pullover *m* → Pullover
Zuavenjacke *f*
E zouave jacket
F veste *f* de zouave
Zweireiher *m*
E double-breasted coat (Mantel) / jacket (Sakko) / suit (Anzug)

F veston *m* (Sakko) / complet *m* / costume *m* (Anzug) / manteau *m* (Mantel) croisé

Zweiteiler *m* (Anzug)

E two-piece suit

F costume *m* / complet *m* deux pièces

Zweireiher

2. Tag- und Nachtwäsche, Strumpfwaren
Underwear and nightwear, hosiery
Sous-vêtements et vêtements de nuit, bas et chaussettes

Achselhemd *n*
E vest BE, tank top AE
F débardeur *m*, marcel *m* (ugs., ursprünglich nur für Herren)

Achselhemd

Babydoll *n*
E baby-doll
F nuisette *f* babydoll, nuisette *f* ouverte (vorne offen)

Bademantel *m* → Kapitel: Bademoden und Accessoires

Balconnet-BH *m*
E balconette bra
F (soutien-gorge *m*) balconnet *m*, soutien-gorge *m* pigeonnant (ugs.)

Balconnet-BH

Bandeau-BH *m*
E bandeau bra
F soutien-gorge *m* bandeau

BH *m*, Büstenhalter *m*
E bra, brassiere
F soutien-gorge *m*

BH *m* mit (herausnehmbaren) Kissen
E bra with (removable) pads
F soutien-gorge *m* à coussinets (amovibles)

BH *m* mit Vorderverschluss
E front-closure bra
F soutien-gorge *m* (avec) fermeture devant

BH-Bügel *m*
E bra wire, underwire
F armature *f* de soutien-gorge

BH-Kissen *m*, BH-Polster *n* (Einlage)
E bra pad, falsies (ugs.)
F coussinet *m* de soutien-gorge

BH-Träger *m*
E bra strap
F bretelle *f* de soutien-gorge
Bikinislip *m* (Damen)
E bikini (briefs *pl* / underwear), bikini knickers *pl* BE
F slip *m*

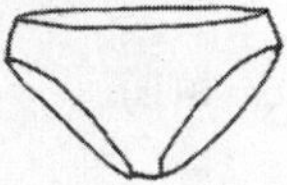

Bikinislip

blickdicht, opak (bei einer Strumpfhose, einem Strumpf)
E opaque
F opaque
Body *m*
E body, bodysuit
F body *m*
Boxershorts *pl*
E boxer shorts *pl*
F caleçon *m*
Bügel *m* → BH-Bügel
Bügel-BH *m*
E underwire bra
F soutien-gorge *m* à armatures
bügelloser BH *m*
E soft-cup bra, no wire bra
F soutien-gorge *m* sans armatures
Büstenhalter *m* → BH
Büstenhalter-Körbchen *n*
→ Körbchen

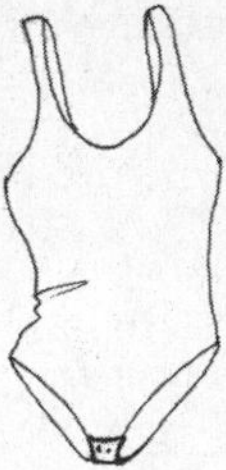

Body

Boxershorts

Bustier *n* (1; enganliegendes kurzes Sporttop)
E bralette, crop top (sportlich)
F brassière *f*
Bustier *n* (2; miederartiges, eng anliegendes, ärmelloses Damenoberteil)
E bustier, (Strapsbustier:) merrywidow
F bustier *m*

Cul de Paris *m*, vgl. → Tournüre
E bustle
F faux cul *m*

Bustier (1)

Cup *m* (des Büstenhalters) → Körbchen
Damenstrumpf *m* (fein), vgl. → Strumpf
E stocking
F bas *m*
Denier *n*, (Abk.:) den (Maßeinheit für Fadenstärke)
E denier
F denier *m*
Dessous *n, meist pl* (Damenunterwäsche)
E lingerie
F lingerie *f*, dessous *mpl*
Feinstrumpfhose *f*
E sheer tights *pl*, pantyhose/pantihose AE
F collant *m* fin
Ferse *f* (einer Socke, eines Strumpfes)
E heel
F talon *m*
Ferse *f* **und Spitze** *f* **verstärkt** (einer Socke, eines Strumpfes)
E heel and toe reinforced
F talon *m* et pointe *f* renforcés
Fischbein *n* (-stäbchen *n*), vgl. → Miederstäbchen
E whalebone
F baleine *f*
Formbügel *m* (des BHs) → BH-Bügel
Formslip *m* (Damen)
E control brief
F culotte *f* gainante
Fünf-Zehen-Socke *f* → Zehensocke
Füßling *m*
E footlet, footie sock AE
F protège-pied *m*, (transparent:) protège-bas
gefütterter BH *m*
E padded bra
F soutien-gorge *m* rembourré
G-String *m*
E G-string
F string *m* ficelle
Guêpière *f*
E guepiere
F guêpière *f*
halterloser Feinstrumpf *m*
E stay-ups *pl*, hold-ups *pl*, thigh-highs *pl*
F bas *mpl* auto-fixants

handgekettelte Spitze *f* (einer Socke, eines Strumpfes)
E hand-linked toe
F pointe *f* remaillée (à la) main

Herrenslip *m*, vgl. → Herrenunterhose, → Retroshorts
E (men's) briefs *pl*, men's underwear
F slip *m* pour homme

Herrenunterhose *f*, vgl. → Boxershorts, → Retroshorts
E (men's) underwear, (men's) underpants *pl*, briefs *pl* (enganliegend), shorts *pl* AE
F slip *m* pour homme (eng), caleçon *m* (weiter)

Herrenunterhose mit Eingriff
E fly front (men's) underwear / briefs *pl*
F slip *m* (pour homme) à ouverture / ouvert

Herrenunterhose mit Eingriff

Herrenunterwäsche *f*
E men's underwear
F sous-vêtements *mpl* pour hommes

Hipster *m*, -Panty *n* oder -Slip *m* (hüftig sitzender Damenslip oder -Panty)
E hipster panties *pl* / briefs *pl*, hip-hugger panty AE, low-cut panties *pl*
F slip *m* taille basse (Slip), shorty *m* taille basse (Panty)

Hosenkorselett *n*
E panty corselette / corselet
F combiné-culotte *m*

Hüfthalter *m*
E girdle
F gaine *f*

Jupon *m* → Unterrock

Klebe-BH *m*
E adhesive bra
F soutien-gorge *m* adhésif

knielang
E knee-high, knee-length
F (allg.:) jusqu'aux genoux, mi-jambe (bei Strümpfen)

Kniestrumpf *m* (Damen und Herren)
E knee-high sock
F chaussette *f* haute, chaussette *f* montante, chaussette *f* longue

Kniestrumpf *m* (Damen-Feinstrumpf)
E knee-highs *pl*, knee-high stocking
F mi-bas *m*

Knöchelsocke *f* → Söckchen, → Kurzsocke

Körbchen *n*, Cup *m* (des Büstenhalters)
E cup (of bra), bra cup
F bonnet *m* de soutien-gorge

Körbchengröße *f*
E cup size
F taille *f* de bonnet

Kompressionsstrumpf *m*
E compression stocking, support stocking
F bas *mpl* de contention, bas *mpl* à varices

Korselett *n*
E corselette, corselet, corslet
F combiné-gaine *m*

Korsett *n*
E corset
F corset *m*, (veraltet, bis 16. Jh.:) corps *m* à baleines

Krinoline *f*
E crinoline
F crinoline *f*

Kurzsocke *f*, vgl. → Söckchen
E short sock, (bis zum Knöchel:) ankle sock, anklet AE
F chaussette *f* courte, (bis über den Knöchel:) socquette *f*

lange Unterhose *f*
E long underwear, (ugs.:) long johns *pl*
F caleçon *m* long

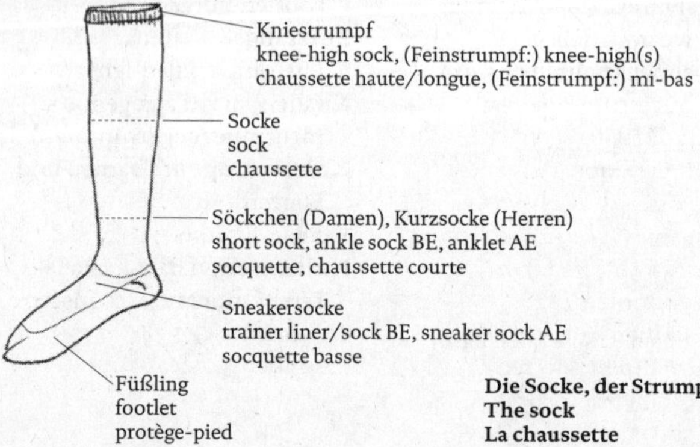

Die Socke, der Strumpf
The sock
La chaussette

laufmaschenfest, -sicher (z. B. bei Feinstrümpfen)
E ladder resistant BE, runproof AE, run resistant AE
F indémaillable

Leggings *fpl*, auch: Leggins *fpl*
E leggings *pl*
F leggings *mpl*, leggins *mpl*, caleçon *m*

Lingerie *f*, vgl. → Dessous, → Unterwäsche
E lingerie
F lingerie *f*

Mieder *n*, Miedergürtel *m*
E girdle
F gaine *f*, corset *m*

Miederhose *f*, auch: Miederslip *m*, vgl. → Formslip
E panty girdle, pantie girdle
F gaine-culotte *f*

Miederstäbchen *n*, vgl. auch → Fischbein
E bone(s), (Fischbein:) whalebone, baleen
F baleine *f*

Miederwaren *fpl*
E foundation garments *pl*, corsetry
F gaines *fpl* et corsets *mpl*

Minimizer(-BH) *m*
E minimizer bra
F soutien-gorge *m* minimiseur

Minislip *m* (Herren)
E bikini brief
F slip *m*

Minislip

Mittelsteg *m* (des BHs)
E centre BE / center AE gore (of bra)
F entrebonnet *m* (de soutien-gorge)

Morgenrock *m*, Morgenmantel *m*
E dressing gown
F peignoir *m*, robe *f* de chambre, déshabillé *m* (eleganter Morgenmantel für Damen)

Nachthemd *n*
E nightdress, nightgown (Damen und Kinder), (ugs.) nightie, nightshirt
F chemise *f* de nuit, nuisette *f* (Damen, kurz und leicht)

Nachtwäsche *f*
E nightwear, sleepwear
F vêtements *mpl* de nuit, lingerie *f* de nuit (für Damen, schicker)

Nackenträger-BH *m*, Neckholder-BH *m*
E halterneck / halter-neck bra
F soutien-gorge *m* tour de cou

Nahtlos-BH *m*
E seamless bra
F soutien-gorge *m* sans coutures

Nahtlosslip *m*
E seamless briefs *pl* / panties *pl*
F slip *m* sans coutures

Nahtstrumpfhose *f*
E seamed tights *pl*, seamed pantyhose AE
F collant *m* à couture

Neckholder-BH *m*
→ Nackenträger-BH

Negligé *n*, Negligee *n*
E negligee
F déshabillé *m*, (veraltet:) négligé *m*

Netzstrumpf *m*
E fishnet stocking
F bas *m* résille

Netzstrumpfhose *f*
E fishnet tights *pl* BE / pantyhose AE
F collant *m* résille

Nylon-Strumpf *m*, Nylons *mpl*
E nylons *pl*
F bas *m* nylon

Overknees *mpl*, Overknee-Strumpf *m*
E thigh-high sock, over-the-knee sock
F chaussette *f* haute

Panier *n* (hist.)
E pannier
F panier *m*

Panty *n* (Damen)
E boy(-leg) briefs *pl* / panties *pl*, girl boxers *pl*
F shorty *m*, culotte *f* shorty

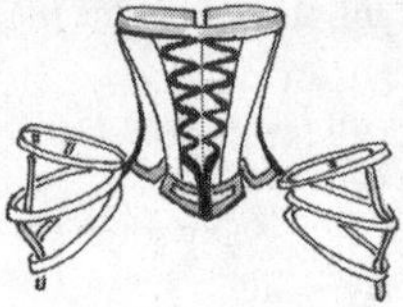

Panier

Petticoat *m*
E petticoat
F jupon *m*

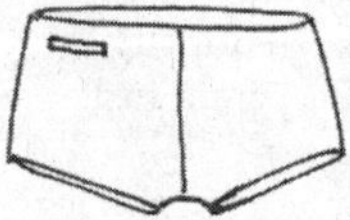

Panty

Push-up-BH *m*
E push-up bra
F (soutien-gorge *m*) push-up *m*

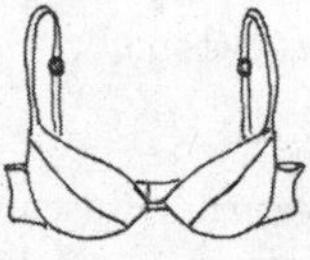

Push-up-BH

Pyjama *m*
E pyjamas *pl* BE, pajamas *pl* AE
F pyjama *m*
Pyjamahose *f*
E pyjama trousers *pl* BE, pajama pants *pl* AE
F pantalon *m* de pyjama
Reifrock *m*, vgl. → Krinoline
E hoop skirt, crinoline
F crinoline *f*

Reifrock

Retroshorts *pl* (enganliegende Boxerform)
E boxer brief(s)
F boxer *m*

Retroshorts

Ringerrücken-BH *m*
E racerback bra, T-back bra
F soutien-gorge *m* à dos nageur
Rückenverschluss *m*
E back closure
F fermeture *f* dos
Rüschenhöschen *n*
E rhumba panty/panties *pl*
F culotte *f* à ruches
Schlafanzug *m* → Pyjama
Schlafmütze *f* (veraltet)
E nightcap (veraltet)
F bonnet *m* de nuit
Schlüpfer *m* (Damenunterhose) → Unterhose, → Slip
Schwangerschafts-BH *m*
E maternity bra
F soutien-gorge *f* de grossesse
Schwangerschaftsgürtel *m*
E maternity belt
F ceinture *f* de grossesse
Schwangerschaftsslip *m*
E maternity panties *pl* / briefs *pl*
F culotte *f* / slip *m* de grossesse
Slip *m*, vgl. → Unterhose
E briefs *pl*, (Damen:) panties *pl*, knickers *pl* BE
F slip *m*
Sneakersocke *f*
E trainer liner/sock BE, sneaker sock AE
F socquette *f* basse

Socke *f*
E sock
F chaussette *f*
Sockenhalter *m* (veraltet)
E sock suspender BE, sock garter AE
F fixe-chaussette *m*, support-chaussette *m*
Söckchen *n* (knöchelhoch)
E ankle sock BE, anklet AE, (AE / mit Umschlag, u. a. bei Kindern in den 40–50er Jahren:) bobby sock
F socquette *f*
Spaghettiträger-Top *n*/ -Hemd *n*
E spaghetti strap top/vest BE, camisole (meist Unterwäsche)
F débardeur *m* à fines bretelles, caraco *m* (meist Unterwäsche)
Spitze *f* (einer Socke, eines Strumpfes)
E toe
F pointe *f*
Sport-BH *m*
E sports bra
F soutien-gorge *m* de sport
Sportsocke *f*
E sport sock, athletic sock, sweat sock (dicke Socke/AE)
F chaussette *f* de sport
Still-BH *m*, Stillbüstenhalter *m*
E nursing bra
F soutien-gorge *m* d'allaitement
Straps *m* → Strumpfhalter
String *m*
E thong, string
F string *m*

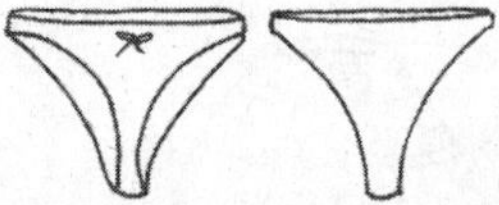

String (Rücken- und Vorderansicht)

Strumpf *m*
E stocking, sock (Socke)
F chaussette *f* (allg.), bas *m* (Damen-Feinstrumpf)
Strumpfband *n* (Damen), vgl. → Sockenhalter
E suspender BE, garter AE
F jarretière *f* (Damen)
Strumpfhalter *m*, Straps *m*
E suspender BE, garter AE
F jarretelle *f*
Strumpfhaltergürtel *m*
E suspender belt BE, garter belt AE
F porte-jarretelle(s) *m*
Strumpfhose *f*
E tights *pl*, pantyhose AE (aus Nylon)
F collant *m*

Strumpfwaren *fpl*
E hosiery, legwear
F bas *mpl* et chaussettes *fpl*
Stützstrumpf *m* → Kompressionsstrumpf

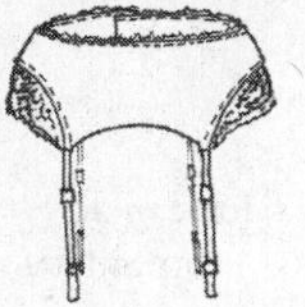

Strumpfhaltergürtel

Stulpen *fpl*
E leg warmers *pl*
F jambières *fpl*
Suspensorium *n*, auch: Tiefschutz *m*
E jockstrap, athletic supporter
F suspensoir *m*, gaine *f* (pour homme)
Tabi-Socke *f*
E tabi (sock)
F chaussette *f* tabi
Taillenslip *m* (Damen)
E high waist brief
F culotte *f* (taille haute)
Tex *n*, (dezitex, dtex), vgl. → Denier
E tex (decitex, dtex)
F tex *m* (décitex *m*)
Thermo-Unterwäsche *f*
E thermal underwear
F sous-vêtements *mpl* thermiques
Tiefschutz *m* → Suspensorium
Torselett *n*
E torsolette
F guêpière avec bretelles

Torselett

Tournüre *f*, Turnüre *f*, vgl. → Cul de Paris
E bustle, tournure
F tournure *f*

Träger *m* (vom BH, vom Unterhemd), vgl. → BH-Träger
E shoulder strap
F bretelle *f*
abnehmbarer Träger *m*
E removable strap
F bretelle *f* amovible
transparenter Träger *m*
E transparent (shoulder) strap
F bretelle *f* transparente

verstellbarer Träger *m*
E adjustable (shoulder) strap
F bretelle *f* réglable

---

trägerloser BH *m*, trägerloser Büstenhalter *m*
E strapless bra
F soutien-gorge *m* sans bretelles

transparent
E transparent
F transparent

Triangel-BH *m*
E triangle bra
F soutien-gorge *m* triangle

Turnüre *f* → Tournüre

Unterhemd *n*, vgl. → Achselhemd
E vest BE, undershirt AE, (Damen auch:) camisole
F (Herren:) maillot *m* de corps, tricot *m* de corps/peau, marcel (ugs.); (Damen:) caraco *m*

Unterhose *f*, vgl. → Unterhose (Damen), → Herrenunterhose
E underwear (allg.), pants *pl* BE, briefs *pl*, underpants *pl* (meistens für Herren), panties *pl* (Damen), knickers *pl* (BE, Damen), (veraltet:) drawers *pl*
F slip *m*, culotte *f* (bedeckender Schnitt)

Unterhose *f* (Damen)
E underwear (allg.), panties *pl*, briefs *pl*, pants *pl* BE, knickers *pl* BE
F slip *m*, culotte *f*

Unterhose *f* (Herren) → Herrenunterhose

Unterkleid *n*
E slip
F combinaison *f*, fond *m* de robe, (kurzes ~:) combinette *f*

Unterrock *m*
E underskirt, petticoat
F jupon *m*

Unterwäsche *f*, vgl. → Dessous, → Lingerie
E underwear, underclothes *pl*, undergarment, (Damen auch:) lingerie
F sous-vêtements *mpl*, (Damen auch:) lingerie *f*

Vertugadin *m*, Verdugado *m* (hist.)
E farthingale, verdugado
F vertugadin *m*

Vorderverschluss *m*
E front closure
F fermeture *f* devant

Wollstrumpfhose *f*
E woollen/wool tights *pl*
F collant *m* en laine

Zehensocke *f*
E toe sock
F chaussette *f* à orteils

Zona *f* (hist.)
E zone
F zona *m*

Zwickel *m*
E gusset
F patte *f* d'entrejambe, gousset *m*

trägerloser BH

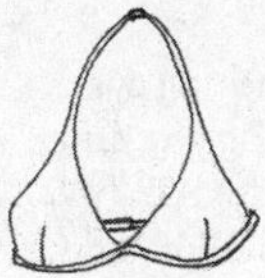

Triangel-BH

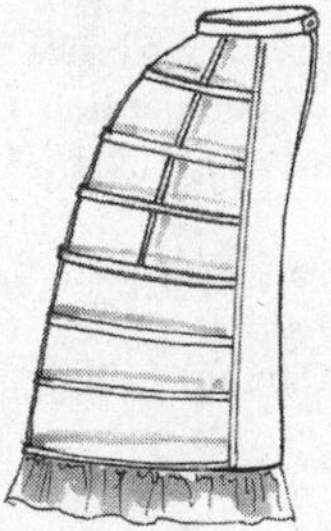

Tournüre

3. Bademoden und Accessoires
Swimwear and accessories
Maillots de bain et accessoires

Badeanzug *m*
E bathing suit, bathing costume, swimming costume, swimsuit, maillot AE
F costume *m* / maillot *m* de bain

Badeanzug *m* (Sport)
E bathing suit, bathing costume, tanksuit, tank, swimsuit
F maillot *m* de bain, maillot *m* nageur, nageur *m*

Badeanzug *m* mit Schwimmerrücken *m*
E bathing suit with racerback
F maillot *m* de bain avec dos nageur

Badehaube *f*
E bathing cap, swimming cap
F bonnet *m* de bain

Badehose *f* (Herren)
E bathing suit, swim briefs *pl*, swimming/bathing trunks *pl*
F maillot *m* de bain d'homme, slip *m* de bain (eng), caleçon *m* de bain (weit)

Badehose *f* (Herren, enganliegend für Sport & Wettkampf)
E swim briefs *pl*, racing briefs *pl*, speedos *pl*, competition briefs *pl*, jammers *pl* (fast knielang)
F maillot *m* / slip *m* de bain (sport)

Badehose *f* (Damen) → Bikinihose

Badekappe *f* → Badehaube

Bade(be)kleidung *f*
E swimwear
F maillots *mpl* de bain

Bademantel *m*
E bathrobe
F peignoir *m* de bain

Bademütze *f* → Badehaube

Badeshorts *pl* (Herren)
E bathing shorts *pl*, swim shorts *pl*
F short *m* de bain, caleçon *m* de bain

Badeshorts *pl* (Damen)
E boy-leg shorts *pl*, boy-cut shorts *pl*
F shorty *m* de bain

Bandeau-Top *n*, Bandeau-Oberteil *n*
E bandeau top, bandeau bra
F soutien-gorge *m* bandeau
Beachwear *f* → Strandmode
Bermudashorts *pl*, auch: Bermuda-Shorts *pl*
E Bermudas *pl*, Bermuda shorts *pl*
F bermuda *m*
Bikini *m*
E bikini
F bikini *m*
Bikinihose *f*
E (bikini) bottom
F culotte *f* (de bikini), slip *m* de bikini
Bikinihose *f*, hochgeschnitten
E high cut bottom
F culotte *f* (de bikini / maillot) taille haute
Bikini-Oberteil *n*
E bikini top
F haut *m* de bikini, soutien-gorge *m* de bikini
Bikini-Oberteil *n* im Rücken gekreuzt
E bikini top with (criss) cross back
F haut *m* de bikini croisé au dos
Bikini-Oberteil *n* mit Rückenverschluss *m*
E bikini top with back closure
F haut *m* de bikini avec fermeture dans le dos
Bikinislip *m*
E bikini bottom
F slip *m* de bikini
Bügel-Bikini-Top *n*
E (bikini) underwire bra, underwire top
F soutien-gorge *m* (de bikini) à armatures
Burkini *m*, Burqini *m*, Bodykini *m*
E burkini, burqini
F burquini *m*
Cut-Out Badeanzug *m*
E cutout bathing suit, cutout swimsuit
F maillot *m* (de bain) avec découpes
Flossen (Bade-/Tauch-) *fpl*
E (swimming/diving) fins *pl*, flippers *pl*
F palmes *fpl* (de natation / de plongée)
Monokini *m* (Oben-ohne-Badeanzug *m*)
E monokini, topless swimsuit/bathing suit
F monokini *m*
Nasenklemme *f*
E nose-clip
F pince-nez *m*

Neckholder-Top *n*
E halter-neck top, halter top
F haut *m* / débardeur *m* dos-nu (tour de cou), (haut *m*) bain de soleil *m*

Neoprenanzug *m*, vgl. auch → Taucheranzug
E neoprene suit, wetsuit (Nasstaucheranzug)
F combinaison *f* néoprène

Oberteil *n*
E top
F haut *m*

Ohrenstöpsel *m*
E ear plug
F bouchon *m* (oreille)

Rettungsweste *f*
E life-saving vest
F gilet *m* de sauvetage, gilet *m* de survie

Schwimmanzug *m* (Ganzkörper)
E full-body (swim)suit, unitard swimsuit
F combinaison *f* de natation

Schwimmbrille *f*
E swim(ming) goggles
F lunettes *fpl* de natation / de piscine

Schwimmhose *f* (Herren) → Badehose

Shorts *pl*, tiefsitzend
E hipster cut shorts *pl*, low-cut shorts *pl*
F short *m* taille basse

Strandmode *f*, auch: Beachwear *f* (Strand- und Badebekleidung)
E beachwear
F vêtements *mpl* de plage

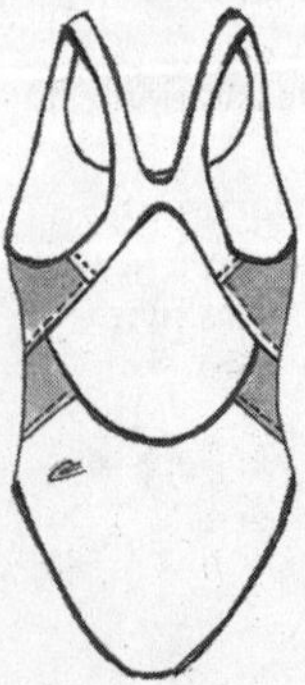
Badeanzug mit Schwimmerrücken

Cut-Out Badeanzug

String *m*
E thong
F string *m*
Tankini *m*
E tankini
F tankini *m*
Taucheranzug *m* (nass/trocken)
E diving suit, scuba suit, (wetsuit/drysuit)
F combinaison *f* de plongée, (combinaison *f* humide/combinaison *f* étanche, combinaison *f* sèche)
Tauchermaske *f*
E diving mask
F masque *m* de plongée

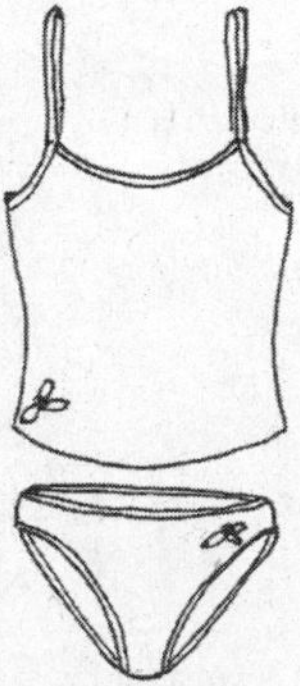

Tankini

Top *n*, mit gekreuzten Trägern
E criss cross top
F haut *m* à bretelles croisées
Triangel-Top *n*
E triangle top
F soutien-gorge *m* triangle
Zweiteiler *m*
E 2-piece bathing costume
F (maillot *m*) deux-pièces *m*

4. Accessoires
Accessories
Accessoires

Abendhandschuh *m*
→ Handschuh
Abendtasche *f* → Tasche
abnehmbare Kapuze *f* → Kapuze
Abzeichen *n*, Badge *n*
E badge
F badge *m*
Aigrette *f*
E aigrette
F aigrette *f*
Akkordeontasche *f* → Tasche
Aktenkoffer *m*
E briefcase
F mallette *f* porte-documents, attaché-case *m*
Aktentasche *f* → Tasche
Ansteckblume *f*
E flower pin, flower brooch, (Blumen im Herrenknopfloch:) boutonnière
F broche *f* fleur, épingle *f* à fleur
Arafat-Kopftuch *n* → Keffijeh
Arbeitshandschuh *m*
→ Handschuh

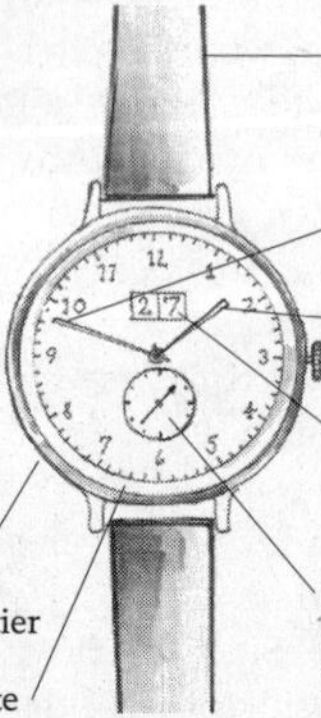

Die Armbanduhr
The wristwatch
La montre(-bracelet)

Die Armbanduhr
The wristwatch
La montre(-bracelet)

Analoguhr *f*
E analogue watch
F montre *f* analogique

Armband *n* (einer Uhr)
E watch strap, (Metallarmband:) watch bracelet
F bracelet *m* (de montre)

Armbanduhr *f*
E wristwatch, (kleinere Damenuhr:) bracelet watch
F montre *f*, montre-bracelet *f*

Automatikuhr *f*
E automatic watch, self-winding watch, perpetual watch
F montre *f* automatique

Chronograf *m*, Chronograph *m*
E chronograph
F chronographe *m*

Chronometer *m*
E chronometre BE, chronometer AE
F chronomètre *m*

Damenuhr *f*
E ladies' watch
F montre *f* (pour) femme

Datum *n* (Datumsanzeige *f*)
E date (indicator/display)
F quantième *m*, (affichage *m* de) date *f*

Digitaluhr *f*
E digital watch
F montre *f* digitale/numérique

ewiger Kalender *m*
E perpetual calendar
F calendrier *m* perpétuel, quantième *m* perpétuel

Funkuhr *f*
E radio-controlled watch
F montre *f* radio-pilotée

Gehäuse *n* (einer Uhr)
E (watch) case
F boîtier *m* (de montre), boîte *f* (de montre)

großer Zeiger *m*, auch: Minutenzeiger *m*
E minute hand
F aiguille *f* des minutes

Handaufzug *m*
E hand wind/winder
F remontage *m* manuel

Herrenarmbanduhr *f*
E men's wristwatch
F montre(-bracelet) *f* (pour) homme

Index *m* (Indizes *pl*)
E index
F index *m*

Kalender *m*, ewiger → ewiger Kalender

kleine Sekunde *f*
E subsidiary second
F petite seconde *f*

kleiner Zeiger *m*
E hour hand
F aiguille *f* des heures
Krone *f* (Kronenaufzug)
E crown (winder)
F couronne *f* (de remontoir)
Lünette *f*
E bezel
F lunette *f*
mechanische Uhr *f*
E mechanical watch
F montre *f* mécanique
Minutenzeiger *m* → großer Zeiger
Pulsuhr *f*
E heart rate monitor
F montre *f* cardio, cardiofréquencemètre *m*
Quarzuhr *f*
E quartz watch
F montre *f* quartz
Sekundenzeiger *m*
E second hand
F aiguille *f* des secondes, (springender Sekundenzeiger:) trotteuse *f*
stoßfest, stoßsicher
E shockproof
F antichoc
Taschenuhr *f*
E pocket watch, fob watch
F montre *f* de poche, montre *f* de gousset
wasserdicht
E waterproof
F étanche
Zeiger *m* (Uhrzeiger), vgl. auch: → kleiner Zeiger, → großer Zeiger, → Sekundenzeiger
E (watch) hand
F aiguille *f* (de montre)
Ziffer *f*
E numeral
F chiffre *m*
Zifferblatt *n*
E dial, face
F cadran *m* (de montre)

Armstulpe *f*
E arm warmer
F mitaine *f* (longue)
Ascotkrawatte *f* → Krawatte (Ascotkrawatte), → Krawattenschal
Autohandschuh *m* → Handschuh
Babyhäubchen *n*
E baby bonnet
F bonnet *m* pour bébé
Babymütze *f*
E baby cap, baby hat, baby bonnet
F bonnet *m* pour bébé
Bademütze *f*, Badehaube *f* → Kapitel: Bademoden und Accessoires
Badge *n* → Abzeichen

Baguettetasche *f* → Tasche

Ballonmütze *f*

E baker boy cap, applejack cap

F casquette *f* gavroche

Ballonmütze

Bandana *n*

E bandanna, bandana

F bandana *m*

Barett *n*, vgl. → Birett, → Doktorhut

E (geistl.:) biretta, barret AE; (Richter, Univ.:) cap; (baskenmützenartig, u. a. mil.:) beret

F barrette *f* (geistl.); toque *f* (Richter); béret *m*

Baseballkappe *f*, Basecap *n*

E baseball cap

F casquette *f* (de) baseball

Baskenmütze *f*

E (basque) beret

F béret *m* (basque)

Beautycase, Beauty-Case *m/n*, vgl. → Kosmetikkoffer

E vanity case

F vanity-case *m*, vanity *m*

Beffchen *n*, Bäffchen *n*

E Geneva bands (rel.), bands (akad., jur., rel.)

F rabat *m*

Beinstulpe *f*, vgl. → Gamasche

E leg warmer

F jambière *f*, guêtre *m*

Beutel *m*

E bag, pouch (klein)

F sac *m*, bourse *f* (Geldbeutel)

Bindegürtel *m* → Gürtel

Birett *n*, vgl. → Barett

E biretta

F barrette *f*

Boa *f*

E boa

F boa *m*

Boater *m* → Canotier

Bohemeschleife *f* → Lavallière

Bolotie *n* → Schnürsenkelkrawatte

Bommelmütze *f*, vgl. → Pudelmütze, → Zipfelmütze

E pompom hat, hat with a tassel, tassel hat

F bonnet *m* à pompon

Borsalino ™ *m*
E Borsalino ™
F borsalino ™ *m*
Börse *f*, veraltet für → Portemonnaie
Bowler *m* → Melone
Brautschleier *m*
E bridal veil
F voile *m* de mariée
Brieftasche *f* → Tasche

Brille *f*
E glasses *pl*, spectacles *pl* BE
F (paire *f* de) lunettes *fpl*
Hornbrille *f*
E horn-rimmed glasses *pl*
F lunettes *fpl* d'écaille
Lesebrille *f*
E reading glasses
F lunettes *fpl* de lecture
Pilotenbrille *f*
E aviator glasses *pl*, aviators
F lunettes *fpl* (d')aviateur
rahmenlose Brille *f*
E rimless glasses *pl*
F lunettes *fpl* sans monture
Schutzbrille *f*
E safety glasses *pl*
F lunettes *fpl* de protection
Schwimmbrille *f* → Kapitel: Bademoden und Accessoires
Sonnenbrille *f*
E sunglasses *pl*, shades *pl* (ugs.)
F lunettes *fpl* de soleil
Sportbrille *f*
E sport(s) glasses *pl*
F lunettes *fpl* de sport

Brillenetui *n*
E glasses case
F étui *m* à lunettes
Canotier *m*, auch: Boater *m*, ugs.: Kreissäge *f*
E boater, canotier
F canotier *m*

Canotier

Chanel-Tasche *f* → Tasche
Chapeau claque *m*, Chapeau Claque *m*, auch: Gibushut *m*, Operahut *m*
E opera hat, gibus (hat)
F chapeau *m* claque, claque *m*, gibus *m*
Charlotte *f*
E charlotte
F charlotte *f*
Cloche *f* → Glockenhut
Clubkrawatte *f* → Klubkrawatte

Clutch (-Tasche) *f*, auch: Unterarmtasche *f*
E clutch (bag/purse)
F pochette *f*

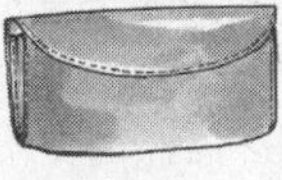

Clutch

Cowboyhut *m*, vgl. → Stetson
E cowboy hat
F chapeau *m* de cow-boy
Deerstalker-Hut *m*
E deerstalker
F deerstalker *m*, casquette *f* Sherlock Holmes
Doktorhut *m*
E mortar board, mortarboard, graduation cap
F mortier *m* (de diplomé / universitaire)
Doppelgürtel *m* → Gürtel
Dreispitz *m*
E tricorne/tricorn hat, (hist., Zwei- oder Dreispitz:) cocked hat
F tricorne *m*, chapeau *m* tricorne
Einkaufsnetz *n*
E string bag
F filet *m* à provisions
Einkaufstasche *f* → Tasche
Einstecktuch *n* (zum Herrenanzug)
E pocket square, pocket handkerchief
F pochette *f* (de costume)
Epaulette *f*
E epaulet, epaulette
F épaulette *f*
Fächer *m*
E fan
F éventail *m*
Fäustling *m* → Handschuh: Fausthandschuh
Fahrradhandschuh *m* → Handschuh
Fahrradhelm *m*
E bicycle helmet, bike helmet
F casque *m* cycliste
Fausthandschuh *m*, auch: Fäustling *m* → Handschuh
Federmäppchen *n*, Mäppchen *n*
E pencil case
F trousse *f*
Federschmuck *m* → Aigrette
Federhut *m*
E feather hat
F chapeau *m* à plume
Fedora *m*
E fedora
F (chapeau *m*) fedora *m*
Fez *m*, Fes *m*, vgl. → Tarbusch
E fez
F fez *m*

Fibel *f*
E fibula
F fibule *f*
Fichu *n* (dreieckiges Schultertuch)
E fichu
F fichu *m* (hist.: Schultertuch, heute: Kopftuch)
Filzhut *m*
E felt hat
F (chapeau *m* de) feutre *m*
fingerloser Handschuh *m* → Handschuh
Flechtgürtel *m* → Gürtel
Fliege *f* → Querbinder, → Schleife
Fliegerhaube *f*, auch: Fliegerkappe *f*
E aviator cap, aviator helmet
F casque *m* / bonnet *m* d'aviateur
Fliegermütze *f*, vgl. → Schapka
E aviator hat
F bonnet *m* d'aviateur (avec fourrure), (heute allg. auch:) chapka *f*
Fontange *f*
E fontange, fontanges
F fontange *f*
Frackschleife *f* (weiß)
E white bow tie
F nœud *m* papillon blanc
Fraise *f* → Halskrause
Gamasche *f*
E gaiter, (hist., kurz:) spat, (Wickelgamasche:) puttee
F guêtre *f*
geflochtener Gürtel *m* → Gürtel
Geldbörse *f*
E purse, wallet (für Scheine und Kleingeld)
F porte-monnaie *m*

Fez

Fliegerhaube

Geldgürtel *m*
E money belt
F ceinture *f* monnaie
Gibushut *m* → Chapeau claque
Glengarry *m*
E glengarry
F glengarry *m*, chapeau *m* glengarry
Glockenhut *m*, auch: Glocke *f*, Cloche *f*
E cloche (hat)
F chapeau *m* cloche, cloche *m*

Flechtgürtel *m*, geflochtener Gürtel *m*
E braided belt
F ceinture *f* tressée
Kettengürtel *m*
E chain belt
F ceinture *f* chaîne
Ledergürtel *m*
E leather belt
F ceinture *f* en cuir
Stretchgürtel *m*
E elastic belt, stretch belt
F ceinture *f* élastique

Gürtel *m*
E belt
F ceinture *f*
Bindegürtel *m*
E tie belt
F ceinture *f* à nouer
Doppelgürtel *m*
E double belt
F ceinture *f* double

Gürtelschnalle *f*
E belt buckle
F boucle *f* de ceinture
Haarband *n*, vgl. → Haarreif, → Stirnband
E hairband
F bandeau *m* (pour cheveux)

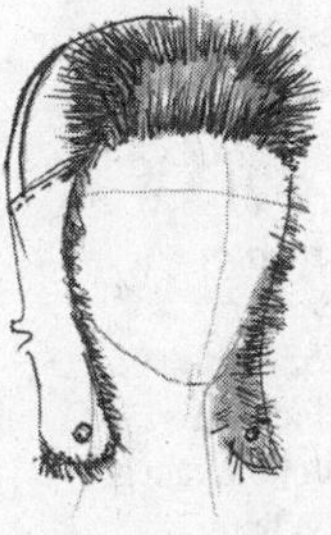
Fliegermütze

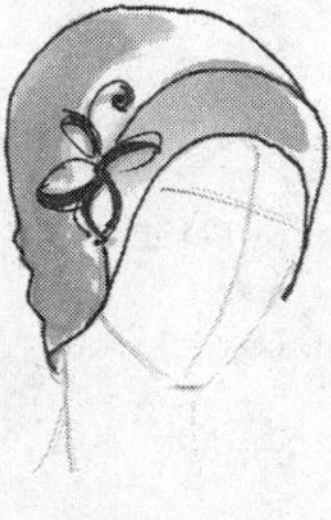
Glockenhut

Haargummi *n*
E (elastic) hairband, (mit Stoff überzogenes Haargummi:) scrunchy/scrunchie
F élastique *m* (pour cheveux)
Haarklammer *f*
E hair clip, bobby pin (AE, austral., neuseel.)
F pince *f* à cheveux, barrette *f*
Haarklemme *f* → Haarklammer
Haarnadel *f*
E hairpin
F épingle *f* (à cheveux)
Haarnetz *n*
E hairnet
F résille *f*, filet *m* (à cheveux)
Haarreif *n*
E Alice band
F serre-tête *m*
Haarschleife *f*
E bow, hair ribbon
F ruban *m*, nœud *m* (pour cheveux)
Haarspange *f*
E barrette, hairslide BE
F barrette *f*, épingle *f* à cheveux
Haarteil *n*, vgl. → Perücke
E hairpiece
F postiche *m* (Haarteil, Toupet)
Halskrause *f*, Fraise *f*
E ruff, fraise
F fraise *f*

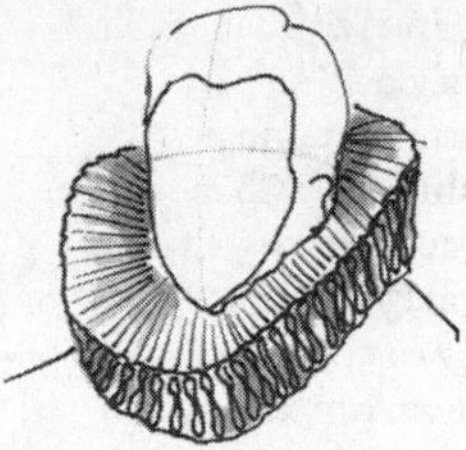

Halskrause

Halstuch *n*
E neckerchief, scarf (auch: Schal)
F foulard *m*, (viereckige Form:) carré *m*, écharpe *f*

Handschuh *m*
E glove
F gant *m*
Abendhandschuh *m*
E evening glove
F gant *m* de soirée
Arbeitshandschuh *m*
E work glove, heavy-duty glove
F gant *m* de travail
Autohandschuh *m*
E driving glove
F gant *m* de conduite
Fahrradhandschuh *m*
E cycling glove, bicycle glove
F gant *m* de cycliste

Fausthandschuh *m*, auch: Fäustling *m*
E mitten, mitt
F moufle *f*, (Kanada:) mitaine *f*

fingerloser Handschuh *m*
E fingerless glove, half finger glove, mitt (auch: Fäustling)
F mitaine *f*

Kurzhandschuh *m*
E short glove
F gant *m* court

Lederhandschuh *m*
E leather glove
F gant *m* de cuir

Schutzhandschuh *m*
E protective glove
F gant *m* de protection

Skihandschuh *m*
E ski glove
F gant *m* de ski

Wollhandschuh *m*
E wool/woollen/woolly glove
F gant *m* de laine

Handtasche *f* → Tasche

Handytasche *f* → Tasche

Haube *f*
E bonnet, cap, (veraltet; heute nur rel.:) coif
F bonnet *m*, (Tracht:) coiffe *f*

Helm *m*
E helmet
F casque *m*

Hennin *n*
E hennin
F hennin *m*

Herrenhut *m*
E men's hat
F chapeau *m* d'homme

Hidschab *m*, Hijab *m*
E hijab
F hijab *m*, hidjab *m*

Hornbrille *f* → Brille

Hosenträger *mpl*
E braces *pl* BE, suspenders *pl* AE
F bretelles *fpl*

Hosenträgerklipp *m*
E braces clip
F pince *f* de bretelles

Hüfttasche *f* → Tasche

Hut *m*
E hat
F chapeau *m*

Hut *m* mit Krempe
E brimmed hat
F chapeau *m* à bord(s)

Hutband *n*
E hatband
F ruban *m* de chapeau, galon *m* de chapeau, bourdalou *m*

Hutkrempe *f*
E brim (of a hat)
F bord *m* (d'un chapeau), (beim Damenhut auch:) passe *f*

Hutnadel *f*
E hatpin
F épingle *f* à chapeau
Hutschachtel *f*
E hatbox
F carton *m* à chapeau
Kinnband *n*
E hat strap
F bride *f* (zum Schnüren), jugulaire *f*, (Kinnriemen:) mentonniere *f*
Kopfteil *n*
E crown (of a hat)
F calotte *f* de chapeau

Jarmulke *f* → Kippa
E yarmulke, yarmulka
F yarmoulka *f*
Käppi *n*, vgl. → Schirmmütze, → Baseballkappe
E kepi (frz. mil.), forage cap (mil., AE)
F képi *m* (mil.), casquette *f*
Kappe *f*
E cap
F bonnet *m*, casquette *f* (mit Schirm), calotte *f*
Kapuze *f*
E hood, (mit ~:) hooded
F capuche *f*, capuchon *m*, (mit ~:) à capuche
Kapuze *f*, abnehmbar
E removable hood
F capuche *f* amovible
Kartenetui *n*, Visitenkarten-etui *n*
E (credit/business) card holder
F porte-cartes *m* (de visite / de crédit)
Kefije *f*, Kufija *f*, auch: Palästinensertuch *n*, Pali *n* (ugs.), Arafat-Kopftuch *n*

Der Hut
The hat
Le chapeau

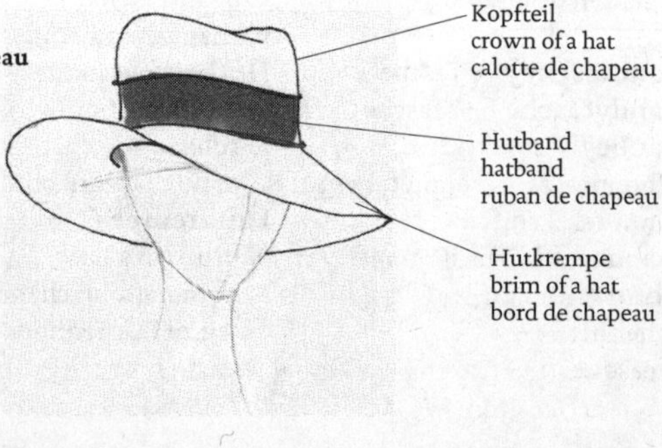

E keffiyeh, kaffiyeh
F keffieh *m*, kéfié *m*
Kegelhut *m*
E conical (straw) hat, sedge hat, coolie hat (pej.)
F chapeau *m* conique
Kelly-Tasche *f* → Tasche
Kettengürtel *m* → Gürtel
Kinnband *n* → Hut
Kippa *f*, Kippah *f*
E kippa, kipa, kipah, kippah
F kippa *f*
Klappzylinder *m* → Chapeau claque
Kleidersack *m*, (meist dünner:) Kleiderschutzhülle *f*
E garment bag
F housse *f* à vêtements
Kleiderschutzhülle *f* → Kleidersack
Klubkrawatte *f* → Krawatte
Kochmütze *f*
E chef's hat, (chef's) toque
F toque *f* de cuisinier
Koffer *m* (Reise-)
E suitcase
F valise *f*, (sehr groß:) malle *f*
Kokarde *f*
E cockade
F cocarde *f*
Kopfband *n* → Stirnband
Kopfbedeckung *f*
E headwear
F couvre-chef *m*, chapeau *m* (Hut), coiffure *f*
Kopftuch *n*, vgl. → Tuch, → Hijab
E headscarf
F fichu *m*, carré *m* (viereckig), foulard *m* (Kopf- und Halstuch)

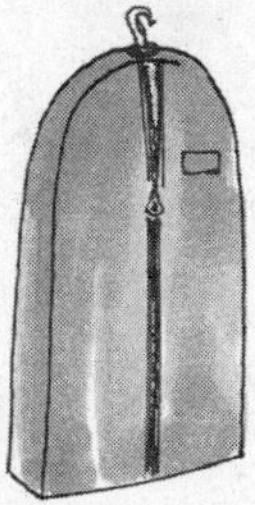

Kleidersack

Kosmetikkoffer *m*, vgl. → Beautycase
E cosmetic(s) case, make-up case
F mallette *m/f* de maquillage, mallette *f* vanity
Kosmetiktasche *f* → Tasche
Kragenstäbchen *n*
E collar stay
F baleine *f* de col
Krause *f* → Halskrause

Krawatte *f*, auch: Langbinder *m*, Schlips *m* (ugs.)
E tie, necktie AE
F cravate *f*

Ascotkrawatte *f*
E ascot (tie)
F cravate *f* d'Ascot, ascot *m*
gestreifte Krawatte *f*
E striped tie
F cravate *f* à rayures
Klubkrawatte *f*
E club tie
F cravate *f* club

Krawattenklammer *f*, Krawattenklemme *f*
E tie clip, tie clasp
F fixe *m* cravate, pince *f* (à) cravate
Krawattennadel *f*
E tiepin, (tie) stickpin AE
F épingle *f* de cravate

Krawatte Klubkrawatte

Krawattenschal *m*, auch: Plastron *m/n*, → Ascotkrawatte (Krawatte)
E cravat
F (cravate *f*) lavallière *f*
Kreissäge *f* (ugs.) → Canotier
Krone *f*
E crown
F couronne *f*
Künstlerschleife *f* → Lavallière
Kulturbeutel *m*
E toilet bag, toiletries bag, washbag
F trousse *f* de toilette, nécessaire *m* de toilette
Kummerbund *m* (zum Smoking), vgl. → Schärpe
E cummerbund
F ceinture *f* de smoking
Kurzhandschuh *m* → Handschuh
Lätzchen *n*
E bib
F bavoir *m*, bavette *f*
Langbinder *m* → Krawatte
Laptoptasche *f* → Tasche
Lavallière *f*, auch: Künstlerschleife *f*, Bohemeschleife *f*
E cravat
F lavallière *f*
Ledergürtel *m* → Gürtel
Lederhandschuh *m* → Handschuh
Ledertasche *f* → Tasche
Lederwaren *fpl*
E leather goods *pl*
F maroquinerie *f*
Legwarmer *m* → Beinstulpe
Lesebrille *f* → Brille

Lodenhut *m*
E loden hat
F chapeau *m* (de) loden
Mäppchen *n* → Federmäppchen
Manschettenknopf *m*
E cufflink BE, cuff link AE
F bouton *m* de manchette
Mantille *f*, Mantilla *f*
E mantilla
F mantille *f*
Melone *f*
E bowler (hat), derby (hat) AE
F (chapeau *m*) melon *m*

Melone

Minaudière *f*
E minaudière
F minaudière *f*
Monogrammtasche *f* → Tasche
Mütze *f*
E cap, bonnet
F bonnet *m*, béret *m*, casquette *f*
Mütze *f* mit Ohrenklappen
E cap / hat with earflaps
F bonnet *m* à oreillettes
Mützenschirm *m*
E peak of cap BE, visor AE
F visière *f* de casquette
Muff *m*
E muff
F manchon *m*
Nachtmütze *f*
E nightcap
F bonnet *m* de nuit
Notebooktasche *f* → Tasche
Obi *m/n*
E obi
F obi *f*
Ohrenschützer *mpl*
E earmuffs *pl*
F cache-oreilles *m*
Operahut *m* → Chapeau claque
Palästinensertuch *n* → Keffijeh
Panama *m*, Panamahut *m*
E panama (hat)
F panama *m*
Paschminaschal *m*, Paschmina *m*, Pashmina *m*
E pashmina (scarf)
F pashmina *m*
Pelzmuff *m*
E fur muff
F manchon *m* de fourrure
Pelzmütze *f*
E fur hat, fur cap
F bonnet *m* de fourrure

Perücke *f*
E wig
F perruque *f*
Pillbox *f*
E pillbox (hat)
F tambourin *m*
Pilotenbrille *f* → Brille
Plaid *n*
E plaid
F plaid *m*

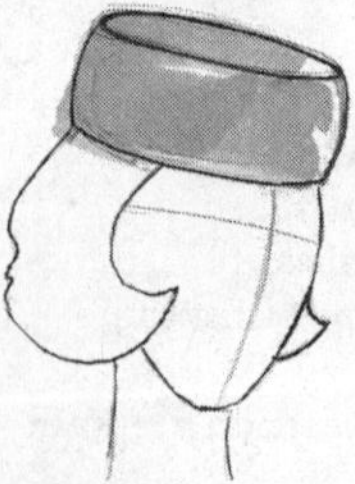

Pillbox

Plastiktüte *f*
E plastic bag, plastic carrier bag BE
F sac *m* en plastique
Plastron *m/n* → Krawattenschal
Portefeuille *n*, veraltet für → Tasche: Brieftasche
Portemonnaie *n*, Portmonee *n*
E purse, wallet (Brieftasche, heute auch mit Münzfach)
F porte-monnaie *m*

Pudelmütze *f*
E pompom hat, hat with a pompom, bobble hat BE
F bonnet *m* à pompon

Pudelmütze

Querbinder *m*, auch → Schleife
E bow tie
F nœud *m* papillon, nœud *m* pap (ugs.)
Radlerhandschuh *m* → Fahrradhandschuh
rahmenlose Brille *f* → Brille
Regenschirm *m*
E umbrella
F parapluie *m*
Regenschirmhülle *f*
E umbrella sheath
F fourreau *m* de parapluie, étui *m* de parapluie
Reisekoffer *f* → Koffer
Reisetasche *f* → Tasche

Reithelm *m*, Reitkappe *f*
E riding helmet, equestrian helmet
F bombe *f* d'équitation
Retikül *m/n*, **Ridikül** *m/n* (hist.)
E reticule
F réticule *m*
Rollenreisetasche *f* → Tasche
Rosette *f*
E rosette
F rosette *f*
Rucksack *m*
E rucksack, backpack, knapsack
F sac *m* à dos
Schärpe *f*
E sash
F écharpe *f*
Schal *m*
E scarf, muffler (veraltet)
F écharpe *f*, (teilweise das Gesicht bedeckend:) cache-nez *m*
Schapka *f*
E shapka
F chapka *f*
Scheitelkäppchen *n*, vgl. → Kippa, → Jarmulke
E skull cap
F calotte *f*
Schiebermütze *f*
E flat cap, (weniger flach:) newsboy cap
F casquette *f* plate
Schiffchen *n*
E garrison cap, wedge cap
F calot *m*
Schirmmütze *f*, vgl. → Baseballkappe, → Käppi
E peak/peaked cap (allg.), forage cap (mil.)
F casquette *f*, képi *m* (frz. mil.)
Schirm *m* → Regenschirm → Mützenschirm
Schleier *m*
E veil
F voile *m*, voilette *f* (kürzer, beim Damenhut)
Schleife *f*, Fliege *f*, Querbinder *m*, vgl. → Frackschleife
E bow tie
F nœud *m* papillon, nœud *m* pap (ugs.)

Schleife

Schlips *m* → Krawatte
Schlüsseletui *n*
E key case
F étui *m* (pour) clés/clefs
Schminktäschchen *n*
E make-up bag
F trousse *f* de maquillage

Schmuck
jewellery BE / jewelry AE
bijoux *mpl*

Amulett *n*
E amulet, gri-gri/gris-gris (Afrika oder Karibik)
F amulette *f*, gris-gris/grigri *m* (Afrika oder Karibik)
Anhänger *m*, vgl. → Schmuck: Glücksanhänger
E pendant, charm
F pendentif *m* (an Halskette), breloque *f* (an Armkette)
Anstecknadel *f*
E pin
F pin's *m*, épingle *f* (Herren), broche *f* (Damen)
Armband *n*, vgl. → Armbanduhr: Armband
E bracelet, wristband (aus Leder, Kunststoff, Stoff)
F bracelet *m*
Armband *n* mit (Glücks-) Anhängern → Bettelarmband
Armreif *m*
E (rigid) bracelet, bangle
F bracelet *m* (rigide), (bracelet *m*) jonc *m*
Bettelarmband *n*, Armband *n* mit (Glücks-)Anhänger
E charm bracelet
F bracelet *m* à breloques, bracelet *m* à «charms»
Berlocke *f* (Ziergehänge an Arm- oder Uhrketten) → Anhänger
Brosche *f*
E brooch
F broche *f*
Cabochon *m*
E cabochon
F cabochon *m*
Charm *m* → Glücksanhänger
Collier *n* → Halskette
Creole *f*
E hoop earring
F créole *f*
Diadem *n*
E diadem
F diadème *m*
Ehering *m* vgl. → Trauring
E wedding ring
F alliance *f*, anneau *m* nuptial
Fußkette *f*
E anklet, ankle bracelet
F bracelet *m* de cheville
Glücksanhänger *m*
E charm, good luck charm, gri-gri/gris-gris
F breloque *f* fétiche, charme *m*, grigri/gris-gris *m*
Halskette *f*
E necklace, (halsnah und steif:) necklet
F collier *m*

Halskette *f*, sehr lang
E sautoir (necklace)
F sautoir *m*
Kette *f*
E (Gliederkette:) chain, (Halskette:) necklace
F (Gliederkette:) chaîne *f*, (Halskette:) collier *m*
Kette *f*, einreihig
E single-strand chain (Gliederkette) / necklace (Halskette)
F collier *m* à un rang (Halskette), chaîne *f* à un rang (Gliederkette)
Kollier *n* → Halskette
Kreuz *n*
E cross
F croix *f*
Krone *f*
E crown
F couronne *f*
Lederarmband *n*
E leather wristband
F bracelet *m* en cuir (schmal), bracelet *m* de force (breit, ursprünglich für Herren)
Medaillon *n*
E medallion, (Schmuckkapsel:) locket
F médaillon *m*
Modeschmuck *m*
E costume jewellery BE, costume jewelry AE, accessory jewellery BE, accessory jewelry AE
F bijou *m* fantaisie
Nasenring *m*, Nasenstecker *m*
E nose ring (Ring), nose stud (Stecker)
F anneau *m* pour le nez (Ring), piercing *m* de nez (Stecker)
Ohrgehänge *n*
E drop/pendant earring
F pendant *m* d'oreille
Ohrklipp *m*
E clip-on earring
F boucle *f* d'oreille clip
Ohrring *m*
E earring
F boucle *f* d'oreille
Perlenkette *f* (Hals)
E pearl necklace
F collier *m* de perles
Ring *m*
E ring
F (allg.:) anneau *m*, (Finger-:) bague *f*
Schmuck *m*, vgl. → Modeschmuck
E jewellery BE, jewelry AE
F bijoux *mpl*, (Juwelier- und Schmuckwaren:) joaillerie *f*

Siegelring *m*
E signet ring
F chevalière *f*
Solitär *m*
E solitaire
F solitaire *m*
Trauring *m*, Ehering *m*
E wedding ring, wedding band AE
F alliance *f*, anneau *m* nuptial
Verlobungsring *m*
E engagement ring
F bague *f* de fiançailles
Zehenring *m*
E toe ring
F bague *f* d'orteil
Zuchtperlenkette *f*
E cultured pearl necklace
F collier *m* de perles de culture

Schmuckkästchen *n*, Schmuckkasten *m*
E jewellery BE / jewelry AE box
F boîte *f* à bijoux, coffret *m* à bijoux
Schnalle *f*
E buckle
F boucle *f*
Schnürsenkelkrawatte *f*, Bolotie *n*
E bolo tie, bootlace tie
F bolo *m*
Schuhbeutel *m* → Kapitel: Schuhe
Schulterpolster *n*
E shoulder pad
F épaulette *f*
Schultertasche *f* → Tasche
Schultertuch *n*, vgl. auch → Fichu
E shawl (Schulter- und Kopftuch)
F châle *m*
Schutzhandschuh *m* → Handschuh
Schutzbrille *f* → Brille
Schutzhelm *m*
E safety helmet
F casque *m* protecteur/de protection
Schweißband *n* (Kopf)
E sweatband, headband
F bandeau *m*
Schwimmbrille *f* → Kapitel: Bademoden und Accessoires
Seesack *m*
E seabag AE, duffel bag (für Matrosen und Soldaten)
F sac *m* marin
Seidenschal *m*, Seidentuch *n*
E silk scarf
F foulard *m* de soie, carré *m* de soie
Shopper *m* → Tasche: Einkaufstasche
Shoppingtasche → Tasche: Einkaufstasche
Skihandschuh *m* → Handschuh

Skimütze *f*
E ski bonnet
F bonnet *m* de ski
Sombrero *m*
E sombrero
F sombrero *m*
Sonnenbrille *f* → Brille
Sonnenhut *m*
E sun hat
F chapeau *m* de soleil
Sonnenschirm *m*
E parasol
F ombrelle *f*
Spange *f* → Haarspange
Spazierstock *m*
E walking stick, walking cane
F canne *f*
Sportbrille *f* → Brille
Sporttasche *f* → Tasche
Stetson ™ *m*
E Stetson ™
F stetson ™ *m*
Stirnband *n*
E bandeau, headband, (Frotteestirnband:) sweatband
F bandeau *m*
Stola *f*
E stole
F étole *f*
Strandtasche *f* → Tasche
Stretchgürtel *m* → Gürtel
Strickmütze *f* → Wollmütze
Strohhut *m*
E straw hat
F chapeau *m* de paille
Strumpfhalter *m* → Kapitel: Tag- und Nachtwäsche, Strumpfwaren
Stulpe *f* (Bein) → Beinstulpe
Stulpe *f* (Arm) → Armstulpe
Sturmhaube *f*
E balaclava
F cagoule *f*, passe-montagne *m*
Südwester *m*
E sou'wester
F suroît *m*
Tam-o'-shanter *f*
E tam-o'-shanter, (Abk.:) tam
F tam o'shanter *m*
Tarbusch *m*
E tarboosh
F tarbouche *m*, tarbouch *m*
Tasche *f*, → Tragetasche, → (Gewand-)Tasche im Kapitel: Technische Details und Beschreibungen
Taschentuch *n*, vgl. → Einstecktuch, → Ziertaschentuch
E handkerchief
F mouchoir *m* (de poche)
Tauchmaske *f*, Tauchermaske *f* → Kapitel: Bademoden und Accessoires
Tiara *f*
E tiara
F tiare *f*
Tirolerhut *m*
E Tyrolean hat, alpine hat
F (chapeau *m*) tyrolien *m*

Toque *f*
E toque
F toque *f*

Tragetasche *f*
bag
sac

Abendtasche *f*
E evening handbag, evening purse AE
F sac *m* du soir, sac *m* de soirée

Akkordeontasche *f* (Umhängetasche mit Dehnfalte)
E accordion bag, accordion purse AE
F sac *m* accordéon

Aktentasche *f*, Aktenmappe *f*
E briefcase, document case, portfolio
F serviette *f*, porte-documents *m*

Baguettetasche *f*
E baguette bag
F sac *m* baguette

Brieftasche *f*
E wallet, (AE auch:) billfold
F portefeuille *m*, (klein:) porte-billets *m*

Chanel-Tasche *f*
E Chanel bag
F sac *m* Chanel

Einkaufstasche *f*
E tote bag
F (sac *m*) cabas *m*

Handtasche *f*
E handbag, purse (AE für Damenhandtasche)
F sac *m* à main

Handytasche *f*
E (mobile) phone case, cellphone case
F étui *m* pour (téléphone) portable

Hüfttasche *f*
E waist bag/pouch, bumbag (BE/ugs.), fanny pack (AE/ugs.)
F banane *f*, sac *m* banane

Einkaufstasche

Hüfttasche

Kelly-Tasche

Kelly-Tasche *f*, auch: Kelly-Bag *f*
E Kelly bag
F sac *m* Kelly

Kosmetiktasche *f*, vgl. → Schminktäschchen
E cosmetic bag
F trousse *f* de maquillage

Laptoptasche *f*, Notebooktasche *f*
E laptop bag, notebook bag
F sac *m* pour ordinateur portable, sac *m* pour PC portable

Ledertasche *f*
E leather bag
F sac *m* en cuir

Monogrammtasche *f*
E monogramme bag BE, monogram bag AE, signature bag
F sac *m* monogramme

Notebooktasche *f* → Tasche: Laptoptasche

Reisetasche *f*
E travel bag, holdall BE
F sac *m* de voyage

Rollenreisetasche *f*
E wheeled bag, bag with wheels, wheeled holdall BE, holdall with wheels BE
F sac *m* (de voyage) à roulettes

Schultertasche *f*
E shoulder bag
F sac *m* (à) bandoulière, besace *f*

Shoppingtasche *f* → Tasche: Einkaufstasche

Sporttasche *f*
E sports bag, kit bag
F sac *m* de sport

Strandtasche *f*
E beach bag
F sac *m* de plage

Umhängetasche *f*
E shoulder bag (Schultertasche), sling-bag (BE; meist aus Gewebe)
F sac *m* à bandoulière, besace *f*, sacoche *f*

Unterarmtasche *f* → Clutch(-Tasche)

Trauerschleier *m*
E mourning veil
F voile *m* de deuil

Tropenhelm *m*
E pith helmet, topee, topi, sola topi, sun helmet (veraltet)
F casque *m* colonial

Tschako *m*
E shako
F shako *m*, schako *m*

Tuch *n* → Halstuch → Kopftuch → Schultertuch

Turban *m*
E turban
F turban *m*

Überseekoffer *m*
E travel trunk, wardrobe trunk AE
F malle *f* cabine
Umhängetasche *f* → Tasche
Unterarmtasche *f* → Tasche
Visitenkartenetui *n* → Kartenetui
Visor *m* → Mützenschirm
Wäschebeutel *m*, Wäschesack *m*
E laundry bag
F sac *m* à linge
Wagenradhut *m*
E cartwheel hat
F capeline *f*

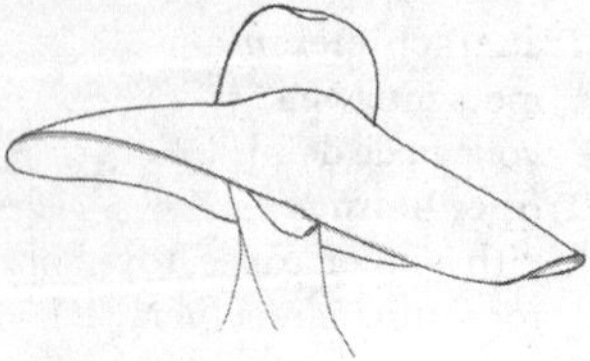

Wagenradhut

Wimpel *m*
E wimple
F guimpe *f*
Wollhandschuh *m* → Handschuh
Wollmütze *f*, auch: Strickmütze *f*
E woollen hat, woolly hat, woollen cap, watch cap (enganliegend, ursprünglich in der US-Marine getragen)
F bonnet *m* de laine
Ziertaschentuch *n* → Einstecktuch
Zipfelmütze *f*
E stocking cap
F bonnet *m* de lutin
Zweispitz *m*
E bicorne, bicorn, cocked hat (hist., Zwei- oder Dreispitz)
F bicorne *m*
Zylinder(hut) *m*, vgl. → Chapeau claque
E top hat, topper (ugs.)
F haut-de-forme *m*, (veraltet:) tube *m*

Zylinderhut

5. Schuhe
Shoes
Chaussures

Abendsandale *f*
E evening sandal, dress sandal
F sandale *f* du soir, sandale *f* (de) soirée

Abendschuh *m*
E evening shoe, dress shoe
F chaussure *f* de soirée

Absatz *m* (eines Schuhs)
E heel (of a shoe), (shoe) heel
F talon *m* (de chaussure)

Bleistiftabsatz *m* → Stöckelabsatz

Barockabsatz *m* → Louis-quinze-Absatz

Blockabsatz *m*
E block heel
F talon *m* bottier

flacher Absatz *m*
E flat heel
F talon *m* plat

französischer Absatz *m* → Louis-quinze-Absatz

hoher Absatz *m*
E high heel
F talon *m* haut, haut talon *m*

Keilabsatz *m*, vgl. → Schuh mit Keilabsatz
E wedge heel
F (Sohle:) semelle *f* compensée, (Absatz:) talon *m* compensé

Komma-Absatz *m*
E comma heel
F talon *m* virgule

Louis-quinze-Absatz *m*, auch: Barockabsatz *m*, französischer Absatz *m*
E Louis heel
F talon *m* Louis XV

Pfennigabsatz *m*, vgl. → Stöckelabsatz

Plateau-Absatz *m* → Plateausohle

Stöckelabsatz *m*, auch: Bleistift-, Pfennig-, Stilettoabsatz
E stiletto heel BE, spike heel
F talon *m* aiguille

Absatzlauffläche *f*
E top piece, top lift
F bonbout *m*

Absatzvorderteil *n*
E heel breast
F gorge *f* du talon

Ballerinaschuh

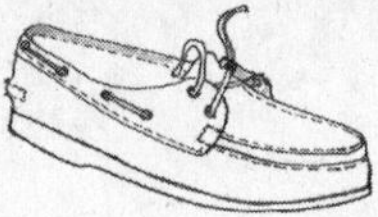

Bootsschuh

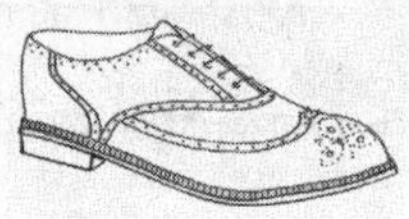

Brogue

Canvas-Sneaker

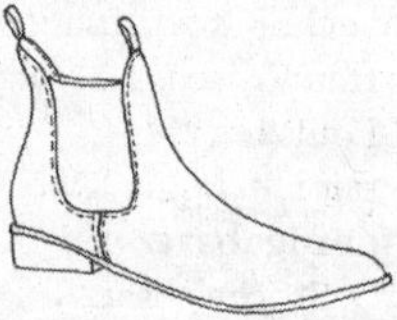

Chelsea-Stiefel

Chopine

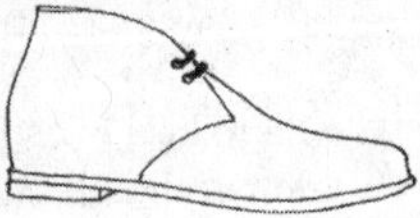

Chukka

Derby

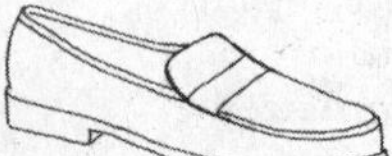

Loafer

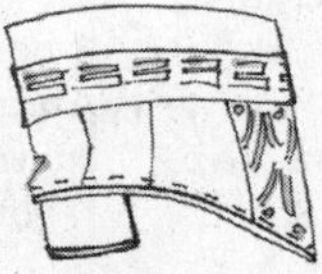

Lotusschuh

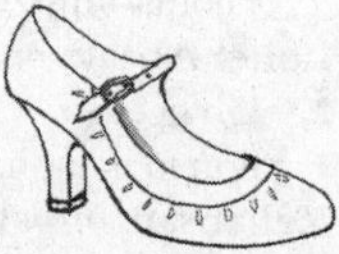

Mary Jane-Schuh

Monkstrap

Moonboot

Oxford-Schuh

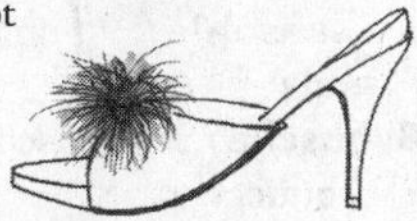

Pantolette

Peeptoe

Plateauschuh

Riemchensandale

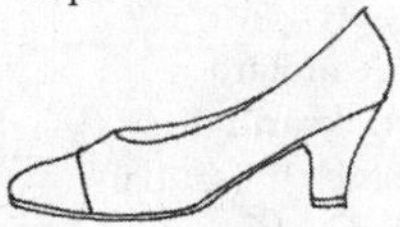

Pumps

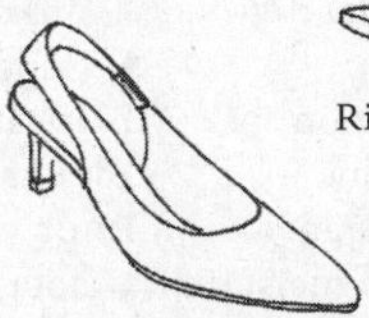

Slingpumps

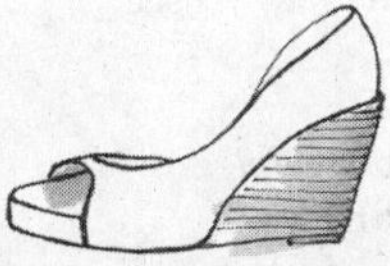

Schuh mit Keilabsatz

Spectator

Ankle Boots *pl*, vgl. → Stiefelette, → Halbstiefel
E ankle boot
F bottine *f*
antirutsch → rutschfest
Arbeitsschuh *m*
E work shoe, (mindestens knöchelhoch:) work boot
F chaussure *f* de travail
Außensohle *f* → Sohle: Laufsohle
Babusche *f*, Pampusche *f*
E babouche
F babouche *f*
Babyschuh *m*
E baby shoe, (aus weichem Material:) (baby) bootee, (baby) bootie
F chaussure *f* bébé, (aus weichem Material:) chausson *m* (bébé)
Badepantolette *f*
E slide (sport) sandal, after-sport slide AE
F claquette *f* de natation, claquette *f* de piscine
Badesandale *f* (aus transparentem Kunststoff, meist für Kinder)
E jelly shoe, jelly sandal, jellies
F sandale *f* méduse, chaussure *f* méduse
Ballerinaschuh *m*
E ballet/ballerina flat, ballet/ballerina pump BE
F ballerine *f*
Ballettschuh *m*
E ballet slipper
F chausson *m* de danse
Balmoralstiefel *m*
E balmoral (boot)
F bottine *f* balmoral
Basketballschuh *m*, low top / high top
E basketball shoe, low top / high top
F (chaussure *f* de) basket *f*, basse/haute
Beatle-Boot *m* → Chelsea-Stiefel
Bergschuh *m*
E mountaineering boot
F chaussure *f* de montagne
Bikerstiefel *m*
E biker boot
F botte *f* de motard
Birkenstocksandale ™ *f*
E Birkenstock ™ (sandal)
F (sandale *f*) Birkenstock ™ *f*
Bleistiftabsatz *m* → Absatz
Blockabsatz *m* → Absatz
Boot *m*
E boot
F botte *f*, boots *fpl*
Bootsschuh *m*
E boat shoe, deck shoe, Top-sider ™ AE
F chaussure *f* bateau

Brogue *m*
E brogue, brogue shoe, (AE auch:) wing tips
F chaussure *f* à bout fleuri / à bout golf
Canvas-Sneaker *m*
E plimsole BE, plimsoll BE, canvas sneaker AE, canvas trainers *pl* BE
F tennis *m/f* en toile (tiefgeschnitten), basket *f* en toile (hochgeschnitten)
Chelsea-Stiefel *m*, Chelsea-Boot *m*, auch: Beatle-Boot *m*
E Chelsea boot, Beatle boot
F bottine *f* Chelsea
Chopine *m*
E chopine
F chopine *f*
Chukka *m*, Chukka-Boot *m*
E chukka boot
F chukka *f* (boot)
Clog *m*, regional auch: Klotschen *mpl*
E clog
F sabot *m*
Cowboystiefel *m*
E cowboy boot
F santiag *f*, (Abk.:) tiag *f*, botte *f* de cowboy
Dämpfung *f* (eines Schuhs)
E cushioning
F amortissement *m*
Damenschuh *m*
E women's shoe
F chaussure *f* pour femme
Derby *m*
E derby
F derby *m*
Doc Martens *m*, Dr. Martens ™ *m*
E Dr Martens ™, Doc Martens
F Doc Martens ™ *f*
D'Orsay *m*
E d'orsay
F escarpin *m* d'Orsay
eckige Kappe *f* → Kappe
Einlage *f* → Schuheinlage
Einlegesohle *f*, vgl. → Sohle, → Innensohle
E insole
F semelle *f* (intérieure)
Espadrille *f*
E espadrille
F espadrille *f*
Fahrradschuh *m*
E cycling shoe
F chaussure *f* cycliste, chaussure *f* de vélo
Filzpantoffel *m*
E felt slipper
F pantoufle *f* en feutre
flacher Absatz *m* → Absatz
Flipflop *m*, Flip-Flop ™
E flip-flop, thong sandal (AE, austral.), jandals (neuseel.)
F tong *f*, claquette *f*
französischer Absatz *m* → Absatz

Fußballschuh *m*
E football boot BE, soccer shoe AE
F chaussure *f* de foot(ball)
Fußbekleidung *f* → Schuhwerk, → Schuh
Futter *n*
E lining
F doublure *f*
Galosche *f* (veraltet) → Überschuh
E galosh
F galoche *f*
Gamasche *f*
E gaiter, (hist., kurz und aus Stoff:) spat *pl*, (Wickelgamasche:) puttee
F guêtre *f*
Geta *f*
E geta
F geta *f*
Ghillie *m*
E ghillie, gillie
F ghillie *f*
Gladiatorensandale *f*
E gladiator sandal
F spartiate *f*
Golfschuh *m*
E golf shoe
F chaussure *f* de golf
Gummisohle *f* → Sohle
Gummistiefel *m*
E rubber boot, wellington boot BE, wellies *pl* (BE ugs.), (veraltet, BE:) gumboot
F botte *f* en caoutchouc
halbe Schuhgröße *f*
E half (shoe) size
F demi-pointure *f*
Halbschuh *m*
E low shoe
F chaussure *f* basse
Halbstiefel *m*
E half boot
F demi-botte *f*, (bequem:) bottillon *m*
Hausschuh *m* → Pantoffel
High Heels *pl*, Highheels *pl*, vgl. → Stöckelschuh, → Stiletto
E high heels *pl*, high heeled shoe
F chaussure *f* à talon haut
Hinterkappe *f*
E counter
F contrefort *m*
hoher Absatz *m* → Absatz
Holzschuh *m*, vgl. → Clog
E sabot
F sabot *m*
Innensohle *f* → Sohle
Jodhpurstiefel *m*
E jodhpur, jodhpur boot
F bottine *f* jodhpur
Joggingschuh *m* → Laufschuh
Kampfstiefel *m*
E combat boot
F ranger *m*, botte *f* de combat

Kappe *f* (des Schuhs)
E (shoe) toe
F bout *m* (de la chaussure)
spitze Kappe *f*
E pointed toe
F bout *m* pointu
eckige Kappe *f*
E square toe, square toe-end
F bout *m* carré
runde Kappe *f*
E round toe, round toe-end
F bout *m* rond

Keilabsatz *m* → Absatz
Klettschuh *m*
E velcro shoe
F chaussure *f* velcro, chaussure *f* à scratch
Kletterschuh *m*
E climbing shoe
F chausson *m* d'escalade
Klotschen *m* → Clog
Knöchelriemen *m*
E ankle strap
F bride *f* de cheville
Komma-Absatz *m* → Absatz
Korksohle *f* → Sohle
Kothurn *m* (hist.)
E cothurn, cothurnus
F cothurne *m*
Kreppsohle *f* → Sohle
Lackpumps *m*
E patent court shoe (BE), patent pump AE
F escarpin *m* verni
Lackschuh *m*
E patent (leather) shoe
F chaussure *f* vernie
Laufschuh *m*
E running shoe, jogging shoe
F chaussure *f* de course à pied, chaussure *f* de running / de jogging
Laufsohle *f* → Sohle
Ledersohle *f* → Sohle
Leisten *m* (Schuh-)
E last
F forme *f*
Ledersohle *f* → Sohle
Loafer *m*
E loafer
F mocassin *m*
Lotusschuh *m*
E lotus shoe
F chaussure *f* de lotus
Louis-quinze-Absatz *m* → Absatz
Mary Jane-Schuh *m*
E Mary Jane
F baby *m*
Mokassin *m*
E moccasin
F mocassin *m*
Monkstrap *m*, Monk *m*, vgl. → Schnallenschuh (Herren)
E monk shoe, monk strap
F chaussure *f* / derby *m* à boucle (pour homme)

Moonboot *m*
E moon boot
F moon boot *f*
Noppensohle *f* → Sohle
Obermaterial *n*
E upper
F dessus *m*
Öse *f*
E eyelet
F œillet *m*
Overkneestiefel *m*
E thigh-high boot
F cuissarde *f*
Oxford-Schuh *m*
E oxford (shoe)
F richelieu *m*
Pampusche *f* → Babusche
Pantoffel *m*, Hausschuh *m*
E slipper
F pantoufle *f*, chausson *m*
Pantolette *f*
E mule
F mule *f*
Patten *f* (hist.)
E patten
F patin *m*
Peeptoe *m*
E peep-toe (shoe)
F escarpin *m* à bout ouvert
Penny Loafer *m*
E penny loafer
F (mocassin *m*) penny loafer *m*
perforierte Vorderkappe *f*
E perforated toe cap
F bout *m* fleuri
Pfennigabsatz *m* → Absatz
Plateau-Absatz *m* → Absatz
Plateauschuh *m*
E platform (shoe)
F (chaussure *f*) plateforme *f*
Plateausohle *f* → Sohle
Poulaine *m* → Schnabelschuh
Pronation *f*
E pronation
F pronation *f*
Pumps *m*
E court shoe BE, pump AE
F escarpin *m*
Pumps *m* mit T-Riemen, T-Strap Pumps *m*
E T-strap shoe
F salomé *m*
Quartier *n*
E quarter
F quartier *m*
rahmengenäht
E welted (construction)
F cousu trépointe
Reitstiefel *m*
E riding boot
F botte *f* d'équitation
Riemchensandale *f*
E strappy sandal, strap sandal
F sandale *f* à bride(s)
Riemen *m* → Schuhriemen
Römersandale *f* → Gladiatorensandale
runde Kappe *f* → Kappe

Runningschuh *m* → Laufschuh

rutschfest, antirutsch
E non-slip
F antidérapant(e)

Sabot *m* → Holzschuh

Sandale *f*
E sandal
F sandale *f*

Schaft *m*
E leg
F tige *f*

Schnabelschuh *m*, Poulaine *m* (hist.)
E crakow, crakowe, crackowe, cracowe, poulaine
F soulier *m* à la poulaine, poulaine *f*

Schnalle *f*
E buckle
F boucle *f*

Schnallenschuh *m*
E buckle shoe
F chaussure *f* à boucle

Schneeschuh *m*
E snowshoe
F raquette *f*

Schneestiefel *m*
E snow boot
F botte *f* de neige, snowboot *m*

Schnürschuh *m*
E lace-up shoe
F chaussure *f* à lacets

Schnürsenkel *m*, auch: Schnürriemen *m*
E shoelace, shoestring AE, (für Stiefel:) bootlace
F lacet *m* (de chaussure)

Schnürstiefel *m*
E lace-up boot, lace-up BE
F botte *f* à lacets, botte *f* lacée

Schnürung *f*
E lacing
F laçage *m*

Schuh *m*
E shoe
F chaussure *f*, (veraltet:) soulier *m*

Schuh *m* mit Keilabsatz, auch: Wedge *m*
E wedge, wedge shoe, wedge sandal (Sandale), wedgie (ugs.)
F chaussure *f* à talon compensé / à semelle compensée, chaussure *f* compensée

Schuhanzieher *m*, Schuhlöffel *m*
E shoehorn
F chausse-pied *m*

Schuhbeutel *m*
E shoe bag
F housse *f* pour chaussure

Schuheinlage *f*
E insole
F semelle *f*

Schuhgröße *f*
E shoe size
F pointure *f* de chaussure
Schuhkarton *m*
E shoebox
F boîte *f* à chaussures, carton *m* à chaussures
Schuhleisten *m* → Leisten
Schuhlöffel *m* → Schuhanzieher
Schuhspanner *m*
E shoe tree
F embauchoir *m*
Schuhwerk *n*, auch: Fußbekleidung *f*, vgl. → Schuh
E footwear, footgear
F chaussures *fpl*
Schuhzunge *f*, auch → Zunge
E shoe tongue
F languette *f* de chaussure
Skistiefel *m*
E ski boot
F chaussure *f* de ski
Slingpumps *m*
E slingback (shoe)
F escarpin *m* à bride arrière
Sneaker *m*, Turnschuh *m*, vgl. → Canvas-Sneaker
E trainer BE, training shoe BE, sneaker AE
F (chaussure *f* de) tennis *m/f* (tief geschnitten), basket *f* (hoch geschnitten)

Sohle *f*, (Schuhsohle *f*)
E sole (of a shoe)
F semelle *f* (de chaussure)
Außensohle *f* → Laufsohle
Gummisohle *f*
E rubber sole
F semelle *f* (de) caoutchouc
Innensohle *f*
E insole
F semelle *f* (intérieure), (aus Leder:) première *f* (de propreté / de cuir)
Korksohle *f*
E cork sole
F semelle *f* en liège
Kreppsohle *f*
E crêpe sole
F semelle *f* de crêpe
Laufsohle *f*
E outsole
F semelle *f* (extérieure)
Ledersohle *f*
E leather sole
F semelle *f* de cuir
Noppensohle *f*
E nub sole
F semelle *f* à picots
Plateausohle *f*
E platform sole
F semelle *f* plateforme
Zwischensohle *f*
E midsole
F semelle *f* intermédiaire

Spectator *m*, Spectator-Schuh *m*
E spectator AE, spectator shoe AE, co-respondent shoe BE
F richelieu *m* bicolore
spitze Kappe *f* → Kappe
Spitzenschuh *m* (Ballett)
E (ballet) pointe shoe
F chausson *m* à pointes, pointes *fpl*
Sportschuh *m*, vgl. → Basketballschuh, → Laufschuh, → Sneaker
E sports shoe
F chaussure *f* de sport
Springerstiefel *m*, vgl. → Kampfstiefel
E combat boot, heavy boot
F botte *f* de combat, ranger *m*
Steigeisen *n*
E crampon
F crampons *mpl*
Stiefel *m*
E boot
F botte *f*
Stiefel *m* (kniehoch)
E knee-high boot
F botte *f*
Stiefelette *f*, vgl. → Ankle-Boot *m*, → Halbstiefel
E ankle boot, bootie (nur für Damen)
F bottine *f*
Stiefelschaft *m*
E leg (of a boot)
F tige *f* de botte
Stiletto *m* → Stöckelschuh
E stiletto
F chaussure *f* à talons aiguille
Stöckelabsatz *m* → Absatz
Stöckelschuh *m*, vgl. → Stiletto
Stollen *m*
E stud, cleat AE
F crampon *m*
Supination *f*
E supination
F supination *f*
Trippe *f* (hist.)
E patten (shoe)
F socque *m*, patin *m*
T-Strap Pumps *m* → Pumps mit T-Riemen
Turnschuh *m*, vgl. → Sneaker, → Canvas-Sneaker
E training shoe BE, trainer BE, sneaker AE
F chaussure *f* de sport, basket *f*, (chaussure *f*) tennis *m/f*
Überschuh *m*, vgl. → Galosche
E overshoe, galosh
F galoche *f*
Vorderblatt *n*
E vamp
F empeigne *f*, claque *f*

Wanderschuh *m*
E hiking boot
F chaussure *f* de randonnée, chaussure *f* de marche
Watstiefel *m*, vgl. → Wathose (Kapitel: Damen- und Herrenbekleidung)
E (hip) wader, hip boot
F cuissarde *f* de pêcheur
Wedge *m* → Schuh mit Keilabsatz
Wellingtons *pl* → Gummistiefel
Westernstiefel *m*, vgl. → Cowboystiefel
E western boot, cowboy boot
F santiag *f*, (ugs. Abk.:) tiag *f*
Yeti Stiefel *m*
E yeti boot
F botte *f* yéti
Zori *pl*
E zori
F zori *f*
Zunge *f*, vgl. auch → Schuhzunge
E tongue
F languette *f*
Zunge *f*, umschlagbar
E reversible tongue
F languette *f* réversible
Zwischensohle *f* → Sohle

Der Schuh
The shoe
La chaussure

6. Technische Details und Beschreibungen
Technical details and descriptions
Détails techniques et descriptions

abgenutzt
E worn out
F usé(e)
abgerundet
E rounded
F arrondi(e)
abgesteppte Falte *f* → Falte
abgestimmt (aufeinander)
E matching
F assorti(e)
Abnäher *m*, vgl. → Brustabnäher, → Taillenabnäher
E dart, tuck
F pince *f*
Abnähertiefe *f*
E dart depth
F profondeur *f* de pince
abnehmbar
E detachable, removable
F amovible, détachable
abnehmbare Kapuze *f*
E detachable hood
F capuche *f* amovible
abnehmbarer Kragen *m* → Kragen
Abnutzung *f*
E wear
F usure *f*
absteppen
E to stitch, to quilt, to topstitch (dekorativ)
F piquer, surpiquer (dekorativ)
Absteppen *n*
E stitching, topstitching (dekorativ)
F piqûre *f*, surpiqûre *f* (dekorativ)
Abstich *m*, runder/gerader
E (runder Abstich:) curved/cutaway front/hemline, (gerader Abstich:) straight front/hemline
F (runder Abstich:) base *f* (devant) arrondie, (gerader Abstich:) base *f* (devant) droite
Adhäsion *f*
E adhesion
F adhérence *f*

Ärmel *m*
E sleeve
F manche *f*
angeschnittener Ärmel *m*
E cap sleeve
F mancheron *m*

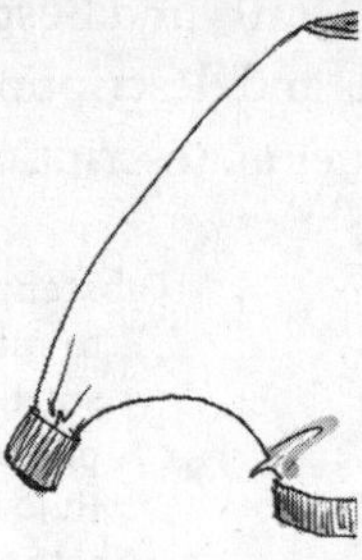

Fledermausärmel

Ballonärmel

Keulenärmel

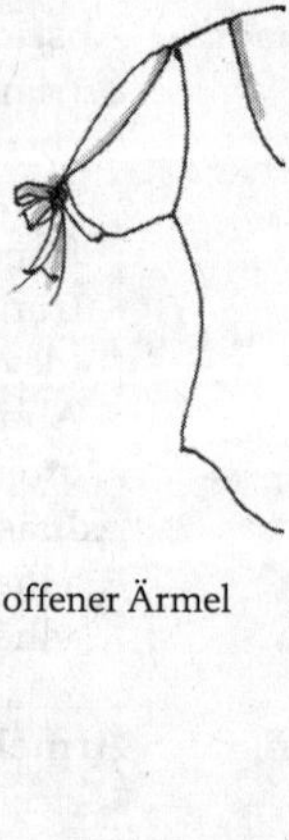

offener Ärmel

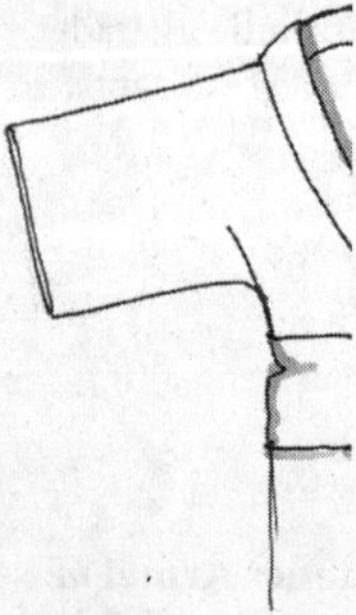

Kimonoärmel

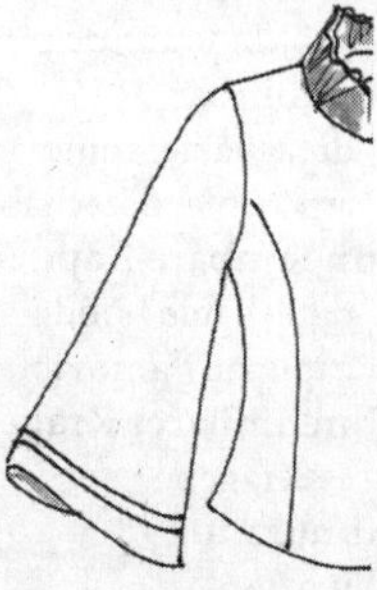

Pagodenärmel

Puffärmel

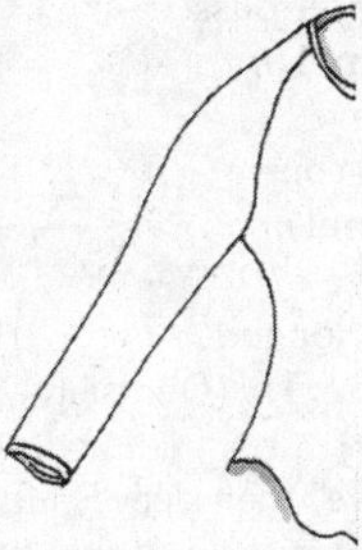

Raglanärmel

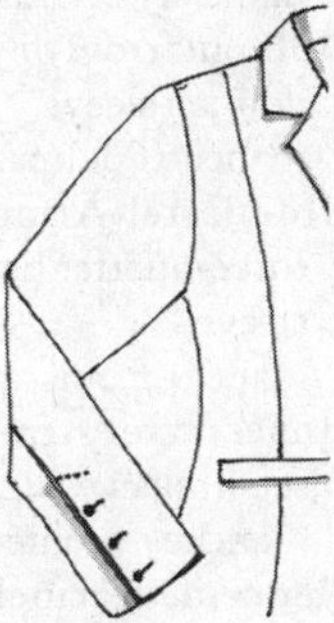

Schneiderärmel

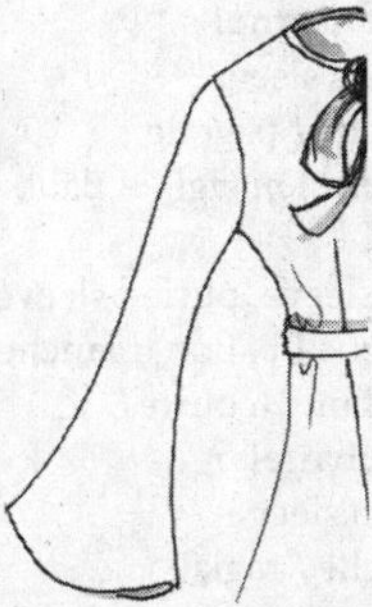

Trompetenärmel

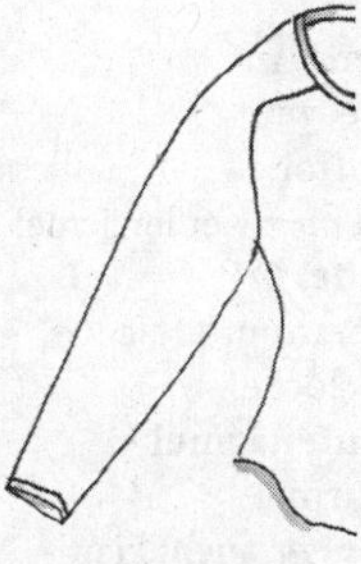

Zungenraglanärmel

Ballonärmel *m*
E balloon sleeve, bishop sleeve
F manche *f* ballon
Bauschärmel *m*
E bishop sleeve
F manche *f* bouffante
Dolmanärmel *m*
E dolman sleeve
F manche *f* dolman
Dreiviertel-Ärmel *m*
E three-quarter (length) sleeve
F manche *f* trois-quarts
eingesetzter Ärmel *m*
E set-in sleeve
F manche *f* montée
Fledermausärmel *m*
E batwing sleeve
F manche *f* chauve-souris
gepuffter Ärmel *m* → Puffärmel
gerader Ärmel *m*
E straight sleeve
F manche *f* droite
Gigotärmel *m* → Keulenärmel
Glockenärmel *m*
E bell sleeve, trumpet sleeve
F manche *f* cloche
Hammelkeulenärmel *m* → Keulenärmel
Keulenärmel *m*, auch: Hammelkeulenärmel *m*, Gigotärmel *m*, Schinkenärmel *m*
E leg-of-mutton sleeve, gigot sleeve
F manche *f* gigot
Kimonoärmel *m*
E kimono sleeve
F manche *f* kimono
Krempelärmel *m*
E turn-up sleeve, roll up sleeve
F manche *f* retroussée
kurzer Ärmel *m*
E short sleeve
F manche *f* courte
langer Ärmel *m*
E long sleeve
F manche *f* longue
offener Ärmel *m* (Oberseite geschlitzt)
E split sleeve, open sleeve, slit sleeve
F manche *f* ouverte, (hist.:) manche *f* à taillade
Pagodenärmel *m*
E pagoda sleeve
F manche *f* pagode
Puffärmel *m*, vgl. → Ballonärmel
E puff sleeve, puffed sleeve
F manche *f* ballon, manche *f* bouffante (courte)
Raglanärmel *m*
E raglan sleeve
F manche *f* raglan
Schinkenärmel *m* → Keulenärmel

Schmetterlingsärmel *m*
E butterfly sleeve
F manche *f* papillon
Schneiderärmel *m*
E tailored sleeve
F manche *f* tailleur
Trompetenärmel *m*, vgl. → Glockenärmel
E trumpet sleeve
F manche *f* trompette, manche *f* cloche
Volantärmel *m*
E flounced sleeve
F manche *f* à volants
Zungenraglanärmel *m*
E saddle sleeve/shoulder
F manche *f* marteau

Ärmelaufschlag *m*
E cuff of sleeve
F revers *m* de manche
Ärmelausschnitt *m* → Armloch
Ärmelbügelbrett *n*
E sleeve board
F jeannette *f* (de repassage)
Ärmelbund *m*, Ärmelbündchen *n*, vgl. → Manschette
E (sleeve) cuff
F poignet *m*
Ärmelfutter *n*
E sleeve lining
F doublure *f* de manche
Ärmelkugel *f*, Armkugel *f*
E sleeve head
F tête *f* de manche
Ärmellänge *f*
E sleeve length
F longueur *f* de manche
ärmellos
E sleeveless
F sans manche(s)
Ärmelstrickbund *m* (gerippt)
E rib-knit sleeve cuff
F poignet *m* bord côtes, poignet *m* à bord cotelé
Ärmelriegel *m*
E sleeve tab
F patte *f* de serrage (au poignet)
Ärmelschlitz *m*
E sleeve slit
F fente *f* de manche
à jour, Ajourarbeit *f*
E openwork
F (ouvrage *m* / maille *f*) à jour, ajouré(e)
A-Linie *f*
E A-line
F ligne *f* A
altmodisch
E old-fashioned, out of date/fashion
F démodé(e)

amerikanische Schulter *f* /
Armausschnitt *m*, auch:
Minusschulter *f*
E cutaway armhole
F emmanchure *f* américaine

ankleiden, anziehen
E to dress
F habiller

A-Linie

anknöpfen
E to button on
F boutonner

anliegender Schnitt *m*, auch:
Slim Fit *m*
E slim fit
F coupe *f* ajustée

Ankleidekabine *f*
E fitting room/booth, changing booth, changing cubicle
F cabine *f* d'essayage

Anprobe *f*
E fitting
F essayage *m*

antibakteriell
E antibacterial
F antibactérien(ne)

antimikrobiotisch
E antimicrobial
F antimicrobien(ne)

antipilling
E anti-pill
F antiboulochage

antirutsch-
E non-slip
F antidérapant(e), antiglisse

antistatisch
E anti-static
F antistatique

Applikation *f*
E appliqué
F applique *f*

Appretur *f*
E finish
F apprêt *m*

Armloch *n*, auch: Ärmelausschnitt *m*
E armhole, (arm) scye
F emmanchure *f*

asymmetrisch
E asymmetric, asymmetrical
F asymétrique

asymmetrischer Ausschnitt *m* → Ausschnitt
Atlasbindung *f* → Bindung
atmungsaktiv
E breathable
F respirant(e)
Aufdruck *m*, vgl. → Druck
E imprint
F impression *f*
auffädeln
E thread
F enfiler
aufgesetzt
E patch(ed)
F appliqué(e), plaqué(e)
aufgesetzte Tasche *f* → Tasche
Aufhänger *m* (am Oberteil)
E hanger loop
F bride *f* de suspension, (als Kette:) chaînette *f* de suspension
aufknöpfen
E to unbutton
F déboutonner
Aufnähetikett *n*
E sew-on label
F étiquette *f* à coudre
auftrennen (eine Naht)
E to undo (a seam / stitches), to unstitch
F découdre (une couture)
auftrennen (Maschen *fpl*) → Maschen auftrennen
Augenknopfloch *n*
E eyelet buttonhole
F boutonnière *f* à œillet
ausbessern
E to mend, to alterate (verändern)
F raccomoder, retoucher (überarbeiten)
ausfärben
E to lose colour BE / color AE, to fade, (Ausbluten:) colour BE / color AE bleeding
F déteindre, se décolorer
ausfransen
E to fray, to unravel (sich auftrennen)
F effilocher, effranger
ausgeschnitten (hoch/tief)
E high-cut (hoch), low-cut (tief)
F échancré(e), décolleté(e) (tief)
ausgestellt (Hosenbein, Rock)
E flared
F évasé(e)
ausgestelltes Hosenbein *n* → Hosenbein
ausgewaschen (Farbe)
E faded (with wash)
F délavé(e)
ausgezackte Kante *f*
E pinked edge
F bord *m* cranté

Ausrüstung *f* (von Textilien)
E finish, finishing
F apprêt *m*, finissage *m*
ausschneiden
E to cut out
F découper

Ausschnitt *m* (ausgeschnitten) → Cut-Out
Ausschnitt *m* (Hals-), vgl. → Dekolleté, Dekolletee, → Kragen
E neckline, neck
F encolure *f*, décolleté *m*, col *m*, échancrure *f*
asymmetrischer Ausschnitt *m*
E asymmetric neckline
F encolure *f* / col *m* asymétrique
Bootausschnitt *m*, auch: Bateau-Ausschnitt *m*, U-Boot-Ausschnitt
E boat neck(line), bateau neck(line)
F encolure *f* bateau, décolleté *m* bateau
Carmenausschnitt *m*
E off-the-shoulder neckline
F encolure *f* à épaules dégagées
Henley-Ausschnitt *m*
E grand(d)ad neckline, henley neckline AE
F col *m* tunisien, encolure *f* tunisienne
Herzausschnitt *m*, Encœur-Ausschnitt *m*
E sweetheart neckline, heart shape neckline
F décolleté *m* en cœur
runder Ausschnitt *m*, auch: Rundhalsausschnitt *m*
E round neckline
F col *m*/décolleté *m* rond, encolure *f* ronde
runder Ausschnitt *m*, halsfern
E scoop neck(line)
F encolure *f* ronde dégagée
runder Ausschnitt *m*, halsnah
E crew neck
F encolure *f* / col *m* ras du cou *m*
tiefer (Hals-)Ausschnitt *m*
E low/plunging neckline, décolleté neckline
F décolleté *m* profond/plongeant, grand décolleté *m*
Tropfenausschnitt *m*
E keyhole neckline
F encolure *f* / décolleté *m* goutte d'eau
U-Boot-Ausschnitt *m* → Bootausschnitt

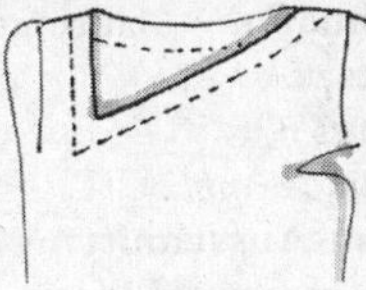
asymmetrischer Ausschnitt

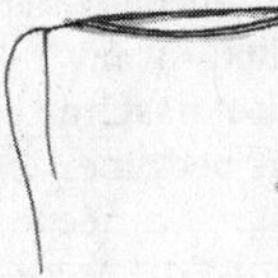
Bootausschnitt

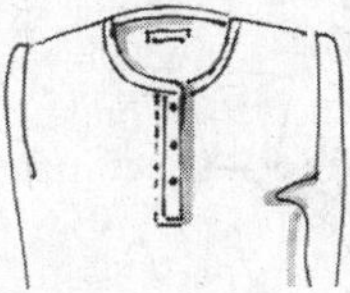
Henley-Ausschnitt

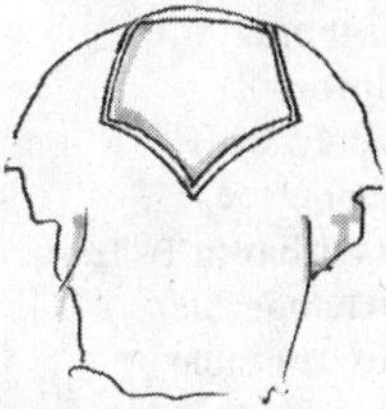
Herzausschnitt

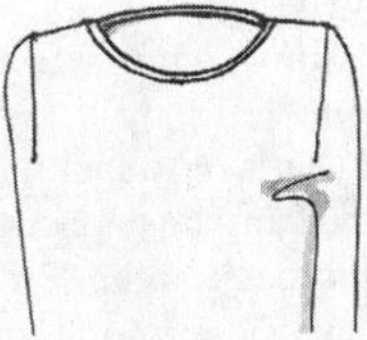
runder Ausschnitt

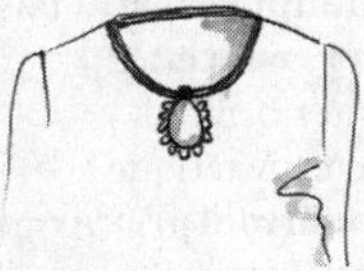
Tropfenausschnitt

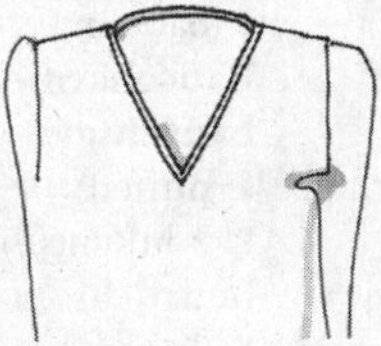
V-Ausschnitt

V-Ausschnitt *m*
E V-neck/neckline
F col *m* /encolure *f* en V, décolleté *m* en V
Viereck-Ausschnitt *m*
E square neckline
F encolure *f* carrée

Außenseite *f* (eines Stoffes/Kleidungsstückes)
E exterior, outside
F endroit *m*
ausstopfen
E to pad, to stuff
F bourrer
austauschbar (z. B. Träger)
E interchangeable
F interchangeable
auszacken
E to pink
F denteler, cranter
Bahnenplissee *n* → Plissee
bakteriostatisch
E bacteriostatic
F bactériostatique
Ballonärmel *m* → Ärmel
Ballonlinie *f*
E balloon line
F ligne *f* bouffante
Band *n*
E band, ribbon (Haar-), string, tape
F ruban *m*, bande *f*
Band *n* (vom Reißverschluss) → Reißverschluss
Bandmaß *n* → Maßband
Basics *pl*
E basics *pl*
F basiques *mpl*
Bateau-Ausschnitt *m* → Ausschnitt (Bootausschnitt)

Ballonlinie

Batik *m*
E batik
F batik *m*
Bauschärmel *m* → Ärmel
bauschig
E puffed
F bouffant(e)
bedruckt
E printed
F imprimé(e)

Befestigung *f*, vgl. → Verschluss
E fastening, fastener
F attache *f*, fixation *f*

beflockt
E flocked
F floqué(e)

Beflockung *f*
E flocking
F flocage *m*

Behandlung *f*
E treatment
F traitement *m*

Beinlänge *f* vgl. → Länge
E length of leg
F longueur *f* de jambe

Bequemlichkeitsfalte *f* → Falte

Besatz *m*
E trimming, facing
F garniture *f*, parement *m*, passement *m*

Besatzspitze *f*
E edging/trimming lace
F garniture *f* de dentelle, parement *m* de dentelle

beschichtet (Gewebe)
E coated
F recouvert(e), enduit(e)

Beschichtung *f*
E coating
F couche *f* (Schicht)

bestickt
E embroidered
F brodé(e)

bezogener Knopf *m* → Knopf

Biese *f*
E pin-tuck
F nervure *f*

Billetttasche *f* → Tasche

binden
E to bind, to tie
F nouer

Bindung *f*, vgl. → Kette, → Schuss
E weave
F armure *f*

Atlasbindung *f*, auch: Satinbindung *f*
E satin weave
F armure *f* satin

Köperbindung *f*
E twill weave
F armure *f* sergé, sergé *m*

Leinwandbindung *f*, auch: Leinenbindung *f*
E plain weave
F armure *f* toile

Satinbindung *f* → Atlasbindung

Blasebalgtasche *f* → Tasche

Black Tie, vgl. → Kapitel: Damen- und Herrenbekleidung
E black tie
F cravate noire

bleichen
E to bleach
F blanchir, décolorer
Blende *f*
E facing, panel
F parement *m*, garniture *f*
blickdicht (opak)
E opaque
F opaque
Blindsaum *m*
E blind hem
F ourlet *m* invisible
Blindstich *m*
E blind stitch
F point *m* invisible
bodenlang (z. B. Kleid)
E floor length, full length
F long(ue)
Bommel *m*
E bobble, pompom, pompon
F pompon *m*
Bootausschnitt *m* → Ausschnitt
boot-cut
E boot-cut
F boot-cut
Bordüre *f*
E border
F bordure *f*
Borte *f*
E edging, trimming, border
F liseré *m*, bordure *m*, galon *m*, bordé *m*
Bortenware *f* → Posament
Brandenbourg(s) *m*
E (braid) frogging, (veraltet:) brandenburgs *pl*
F brandebourg *m*
Breite *f*
E width
F largeur *f*
Brustabnäher *m*
E breast dart
F pince *f* de poitrine
Brusttasche *f* → Tasche
Brustumfang *m* → Kapitel: Maße und Pflegesymbole
Bubikragen *m* → Kragen
Bügelbrett *n*
E ironing board
F planche *f* à repasser
Bügelechtheit *f*
E iron/ironing fastness
F solidité *f* au repassage
Bügeleisen *n*
E iron
F fer *m* à repasser
Bügelfalte *f* (Hose) → Falte
bügelfrei
E non-iron
F infroissable, sans repassage, qui ne se repasse pas
bügeln
E to iron
F repasser
Bügeltuch *n*
E pressing cloth
F filet *m* de repassage, pattemouille *f* (feuchtes Tuch)

Bund *m* (Hose, Rock), vgl. → Hosenbund
E waistband
F ceinture *f*
Bund *m* (Ärmel) → Ärmelbund
Bundfalte *f* → Falte
Bundschlaufe *f* → Gürtelschlaufe
Button-down-Kragen *m* → Hemdkragen
Carmenausschnitt *m* → Ausschnitt
Claudine-Kragen *m* → Kragen
Coordinates *pl*
E coordinates *pl*
F coordonnés *mpl*, vêtements *mpl* assortis
Crochet *m*, Crochetwinkel *m*
E notch
F cran *m*
Cut-Out *m*
E cut-out
F découpe *f*
Dackelohrkragen *m* → Kragen
Dampfbügeleisen *m*
E steam iron
F fer *m* à vapeur
Dampfbügeln *n*
E steam ironing, steam pressing
F repassage *m* à la vapeur
dehnbar, vgl. → elastisch
E elastic, stretch
F élastique, extensible (Stoff), stretch
Dehnfähigkeit *f* → Elastizität
Dekatieren *m*
E decatizing
F décatissage *m*
Dekolleté *n*, Dekolletee *n*, vgl. → Ausschnitt
E low-cut neckline, decolleté, decolletage
F décolleté *m*
délavé → ausgewaschen
diagonal → schräg
Diana-Dekolleté *n*
E one-shoulder neckline
F décolleté *m* asymétrique (avec une épaule nue)

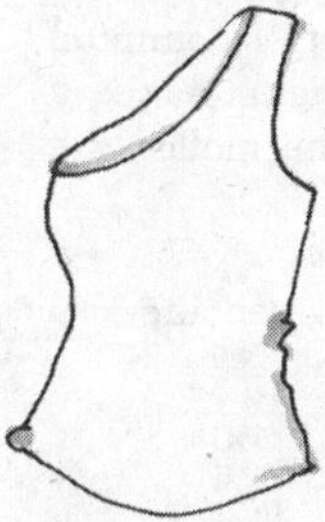

Diana-Dekolleté

Dior-Schlitz *m*, auch: Diorfalte *f*
E Dior slit
F pli *m* Dior
Dolmanärmel *m* → Ärmel
Doppelknopf *m* → Knopf
Doppelmanschette *f* → Manschette
doppelreihig → zweireihig
drapiert
E draped
F drapé(e)
Drapierung *f*
E drapes *pl*
F drapé *m*
Dreiviertelärmel *m* → Ärmel
Dreiviertellänge *f*
E three-quarter length
F longueur *f* trois-quarts
dreiviertellang (Hose, Rock, Kleid bis zur Wadenmitte)
E mid-calf length
F longueur *f* mi-mollet
Dresscode *m*
E dress code
F code *m* vestimentaire
D-Ring *m*
E d-ring
F anneau *m* en D
Druck *m* (Textildruck), auch: Print, vgl. → Kapitel: Muster und Drucke
E print, printing
F imprimé *m*, impression *f*
Druckknopf *m* → Knopf
Druckknopfverschluss *m* → Verschluss
durchgeknöpft
E button-through
F (entièrement) boutonné(e)
durchsichtig, vgl. → transparent
E transparent, see-through
F transparent(e)
eckig
E square
F angulaire, (viereckig:) carré(e)
einfache Falte *f* → Falte
einfache Naht *f*
E plain seam
F couture *f* simple
einfädeln
E to thread
F enfiler (un fil)
Einfädeln *n* (des Fadens)
E threading (of thread)
F enfilage *m* (du fil)
Einfädelnadel *f*
E needle threader
F enfile-aiguille *m*
einfassen
E to bind, to edge
F border
Einfassen *n*
E binding, edging
F bordage *m*
eingesetzter Ärmel *m* → Ärmel

Einheitsgröße *f*
E one size
F taille *f* unique
Einlage *f* (Einlagestoff), vgl. → Krageneinlage
E interlining, interfacing
F entoilage *m* (allg.), triplure *f* (für Kragen, Manschette)
einlaufen (durch Wäsche) → schrumpfen, → krumpfen
einreihig
E single-breasted
F droit, à simple boutonnage *m*
Einsatz *m*
E gusset, insert, insertion
F empiècement *m*, gousset *m*
einsäumen
E to hem in
F ourler
einteilig
E one-piece
F une pièce
elastisch, vgl. → dehnbar
E elastic
F élastique
Elastizität *f*
E elasticity (of yarn), stretchability (of fabric)
F élasticité *f*
Empire-Linie *f*
E empire line
F ligne *f* empire
Empirestil *m*
E empire style
F style *m* empire
Empire-Taille *f*
E empire waist
F taille *f* empire
Encœur-Ausschnitt *m* → Ausschnitt: Herzausschnitt
Endteil *n* (vom Reißverschluss) → Reißverschluss
eng, vgl. → enganliegend
E tight, close-fitting, narrow (schmal)
F serré(e), moulant(e), étroit(e) (schmal)
Engageantes *pl* (hist.)
E engageantes *pl*
F engageantes *fpl*
enganliegend
E close-fitting, slim-fitted, skintight (sehr eng)
F ajusté(e), (enger:) moulant(e), collant(e)
entfärben
E to discolour BE / discolor AE, (sich ~:) to fade
F décolorer, (sich ~:) se décolorer
Etikett *n*, vgl. → Aufnähetikett, → Haftetikett
E tag, label
F étiquette *f*
Façon *f*, auch: Fasson *f*
E cut/shape of garment
F façon *f*
Façon *n*, Fasson *n* → Revers

Faden *m* → Kapitel: Stoffe und Materialien
Fächerfalte *f* → Falte
färben
E to dye
F teindre

Färben *n*
E dyeing
F teinture *f*
Garnfärben *n*
E yarn dyeing
F teinture *f* en fil
Rohfärben *n*
E raw stock dyeing
F teinture *f* en bourre
Stückfärben *n*
E piece dyeing
F teinture *f* en pièce(s)

Färbeverfahren *n*, Färbetechnik *f*
E dyeing process
F technique *f* de teinture
fallendes Revers *n* → Revers

Falte *f*, vgl. → Plissee
E pleat, crease (Knitter-/Bügelfalte), fold
F pli *m*, (Fältchen:) fronce *f*
abgesteppte Falte *f*
E topstitched pleat
F pli *m* piqué, pli *m* surpiqué
Bequemlichkeitsfalte *f*
E comfort pleat
F pli *m* d'aisance
Bügelfalte *f*
E (pressed) crease
F pli *m* (de pantalon / de repassage)
Bundfalte *f*
E (waistband) pleat
F pince *f* / pli *m* (de ceinture)

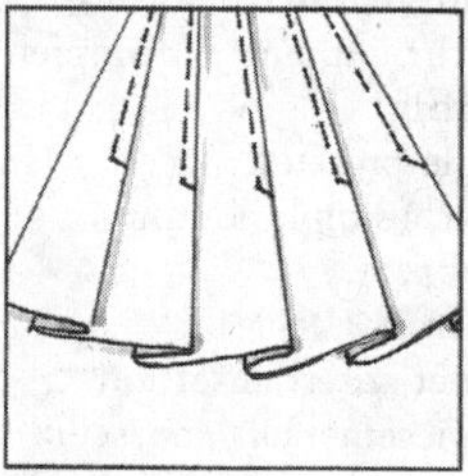

abgesteppte Falte

einfache Falte *f*, auch: Liegefalte *f*
E knife pleat, flat pleat
F pli *m* plat, pli *m* couché
Fächerfalte *f*, auch: Sonnenplissee *n*
E sunray pleats *pl*, sunburst pleats *pl*, fan pleats *pl*
F plissé *m* soleil, plissé *m* éventail
Kellerfalte *f*
E inverted pleat
F pli *m* creux
Knitterfalte *f*
E crease, wrinkle

F faux-pli *m*
Liegefalte *f* → einfache Falte
Quetschfalte *f*, vgl. → Kellerfalte
E box pleat
F pli *m* rond
Watteaufalte *f*
E Watteau pleat
F pli *m* Watteau

falten
E to fold, to pleat
F plier, plisser
Faltenbreite *f*
E pleat width
F largeur *f* de pli
faltenfrei
E creaseless
F sans plis
Faltenuntertritt *m*
E pleat underlap
F fond *m* de pli
Farbe *f*
E colour BE, color AE
F couleur *f*
farbecht
E colour fast BE, color fast AE
F grand teint *m*, bon teint *m*
Farbprobe *f*
E colour sample BE, color sample AE
F échantillon *m* de couleur
Farbton *m*
E tone, shade
F ton *m*
Faserknötchen *n* → Pilling
E pill, lint, fibre-mote
F peluche *f*, boulochage *m*
Fasson *f* → Façon
Fasson *n* → Revers
Fassonspiegel *m*
→ Crochet(winkel)
Feston *n*
E scallops *pl*
F feston *m*

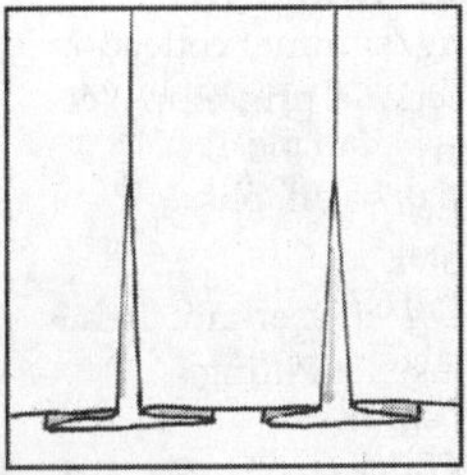
Kellerfalte

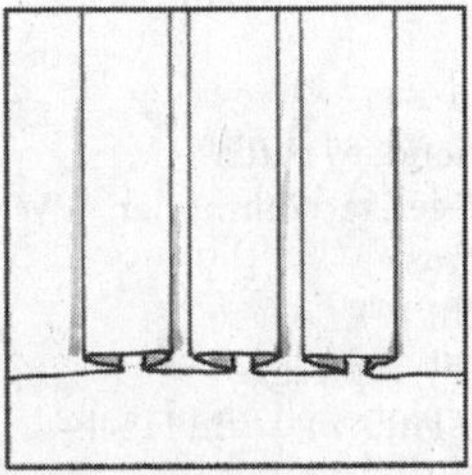
Quetschfalte

Feuchtigkeitsschutz *m*
E protection against moisture, moisture protection
F protection *f* contre l'humidité
feuerfest, flammensicher
E non-flammable, flameproof
F ininflammable, ignifuge
filzen
E to felt
F feutrer
Fingerhut *m*
E thimble
F dé *m* à coudre
Fitting *n* → Anprobe
Flachnaht *f*
E flat seam
F couture *f* plate
Flatlocknaht *f*
E flatlock seam
F couture *f* flatlock
flechten
E to braid, to plait
F tresser
Fledermausärmel *m* → Ärmel
flicken
E to mend, to patch
F rapiécer, raccommoder
Flicken *m*
E patch
F pièce *f*, rapiéçage *m*
Flockdruck *m*, auch: Flockprint *m*
E flock printing
F flocage *m*
fluoreszent
E fluorescent
F fluorescent(e), fluo (Abk.)
Fluse *f*
E fluff, lint
F peluche *f*
Form *f*
E shape, form
F forme *f*
Formstabilität *f*
E shape stability
F stabilité *f* de la forme
Franse *f*
E fringe, tassel (quastenartig)
F frange *f*
französische Manschette *f* → Manschette: Umschlagmanschette
französische Naht *f*
E French seam
F couture *f* anglaise
Frühjahrs-/Sommerkollektion *f*, vgl. → Herbst-/Winterkollektion *f*
E spring/summer collection
F collection *f* printemps/été
füttern
E to line
F doubler
Fussel *m* → Faserknötchen, → Fluse, → Pilling
Fusselbürste *f*
E lint brush/roller, fluff roller

F brosse *f* textile, (Kleberolle:) brosse *f* adhésive

Fußsteg *m* (einer Hose)
E foot strap
F sous-pied *m*

Futter *n*
E lining
F doublure *f*

futterlos, ungefüttert
E unlined
F sans doublure

Galon *m*
E galloon
F galon *m*

Garnfärben *n* → Färben

garngefärbt
E yarn-dyed
F teint(e) en fil

Garnrolle *f*
E yarn reel/spool, thread reel/ spool
F bobine *f* de fil

Gaufrage *f*
E embossing
F gaufrage *m*

gaufriert
E embossed
F gaufré(e)

gebleicht
E bleached, faded
F blanchi(e)

gefärbt
E dyed
F teint(e)

geflochten
E woven, braided
F tressé(e)

gefüttert
E lined
F doublé(e)

Gehfalte *f* → Falte

gehäkelt
E crocheted
F crocheté(e), en (maille) crochet *m*

gekämmt (Stoff)
E combed
F peigné(e)

geknöpft
E buttoned
F boutonné(e)

geknöpfter Hosenschlitz *m* → Hosenschlitz

geknotet
E knotted
F noué(e)

gekräuselt
E curly, crimped
F crêpé(e), froncé(e), plissé(e)

gekreuzt
E crossed, criss-cross(ed)
F croisé(e)

gekreuzte Träger *mpl*
E crossed (shoulder) straps *pl*
F bretelles *fpl* croisées

gemustert
E patterned
F à motif

gepolstert
E padded, stuffed
F rembourré(e)
gerade
E straight
F droit(e)
gerade Kante *f*
E straight edge
F bord *m* droit
gerader Ärmel *m* → Ärmel
gerafft
E gathered
F froncé(e), à fronces
gerben
E to tan
F tanner
Gerben *n*, Gerbung *f*
E tanning
F tannage *m*
gerippt
E rib(bed)
F côtelé(e), à côtes
gerüscht
E frilled, ruffled
F ruché(e), à ruches *fpl*, à volants *mpl*
Gesäßtasche *f* → Tasche
geschlitzt
E (with a) slit
F fendu(e)
geschnürt
E laced, tied
F lacé(e), noué(e)
gesmokt
E smocked
F smocké(e)
gestärkt
E starched
F amidonné(e), empesé(e)
gesteppt
E quilted
F matelassé(e)
gestickt
E embroidered
F brodé(e)
gestreift → Kapitel: Muster und Drucke
gestrickt
E knitted
F tricoté(e)
Gewebebreite *f*
E fabric width
F laize *f* (d'une étoffe), largeur *f* (d'une étoffe)
Gewebelänge *f*
E length of cloth
F longueur *f* (de tissu)
Gewebeoberseite *f*
E right side of fabric, face of fabric
F endroit *m* d'un tissu
Gewebeunterseite *f*
E back of fabric, reverse side of fabric
F envers *m* d'un tissu
Glockenärmel *m* → Ärmel
Glockenfalte *f* → Godet
glockenförmig
E bell-shaped

F en forme *f* de cloche, cloche *f*

Godet *n*

E godet

F godet *m*

Goller *m* → Koller

Gradieren *n*

E gradation

F gradation *f*

Griff *m* (einer Handtasche)

E handle

F poignée *f*, (Henkel:) anse *f*

grobmaschig

E open-meshed, wide-meshed

F à grosses mailles *fpl*

Größe *f*

E size

F taille *f*, (Schuhe/Hüte/Handschuhe:) pointure *f*

Gürtelbund *m*

E waistband

F ceinture *f*

Gürtellinie *f*

E waistline

F ligne *f* de la taille

Gürtelloch *n*

E notch (of a belt)

F cran *m* (de ceinture)

Gürtelschlaufe *f*

E belt loop

F passant *m* de ceinture

Gürtelschnalle *f* → Kapitel: Accessoires

Gummibund *m*

E elastic waistband

F ceinture *f* élastique

Gurt *m* → Gürtel

Gurt *m* (Tragegurt)

E strap

F bretelle *f*, bandoulière *f*

häkeln

E to crochet

F crocheter

Häkelei *f*, Häkelarbeit *f*

E crochet

F (ouvrage *m* au) crochet *m*, (broderie *f* au) crochet *m*

Haftetikett *n*

E adhesive label

F étiquette *f* adhésive

Haftverschluss *m* → Verschluss: Klettverschluss

Haifischkragen *m* → Hemdkragen

Haken *m*, vgl. → Hosenhaken, → Karabinerhaken

E hook

F crochet *m*, agrafe *f*

Haken *m* und Öse *f*

E hook and eye

F crochet *m* / agrafe *f* et œillet *m*

Halsausschnitt *m*, vgl. → Ausschnitt

E neck(line)

F encolure *f*

Hammelkeulenärmel *m* → Ärmel: Keulenärmel

handgefertigt, handgearbeitet
E handmade
F fait(e) à la main *f*, fait(e) main

handgenäht
E hand sewn
F cousu(e) main

Haute Couture *f*
E haute couture
F haute couture *f*

heften
E baste
F bâtir

Heften *n*
E basting
F bâti *m*

Heftstich *m*
E basting (stitch)
F bâti *m*

Hemdbrust *f* → Plastron
E dicky/dickey, (detachable) shirt front
F plastron *m*

Hemdknopf *m* → Knopf

Hemdkragen *m* (vgl. Abb. S. 124)
E shirt collar
F col *m* (de) chemise

Button-down-Kragen *m*
E button-down collar

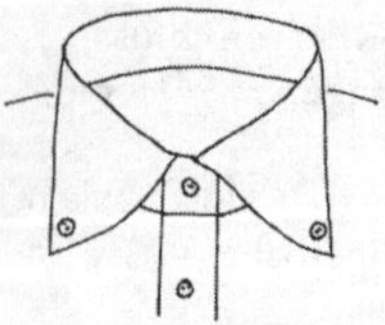
Button-down-Kragen

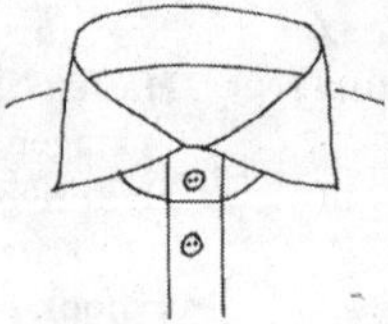
Haifischkragen

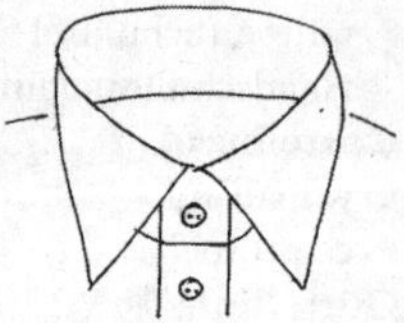
Kentkragen

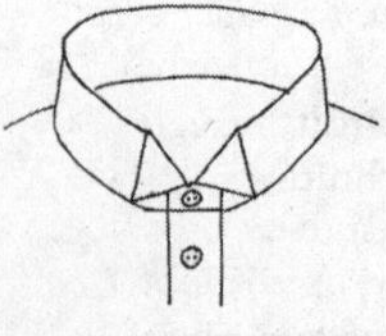
Kläppchenkragen

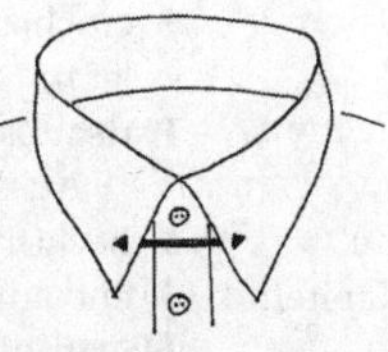
Piccadilly-Kragen

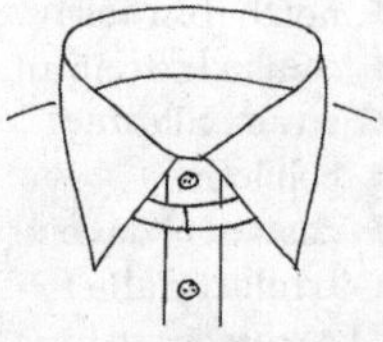
Tab- Kragen

F col *m* boutonné, col *m* à pointes boutonnées, col *m* américain

Haifischkragen *m*

E spread collar, cutaway collar

F col *m* italien, col *m* évasé

Kentkragen *m*

E point collar, classic collar

F col *m* droit/classique

Kläppchenkragen *m*, auch: Klappenkragen *m*

E wing collar

F col *m* cassé

Piccadilly-Kragen *m*

E pin collar

F col *m* à barette

Stehkragen *m*

E band collar

F col *m* officier (mit Knopf), col *m* mao (ohne Knopf)

Tab-Kragen *m*

E tab collar

F col *m* anglais

Henley-Ausschnitt *m* → Ausschnitt

Herbst-/Winterkollektion *f*, vgl. → Frühjahrs-/Sommerkollektion

E autumn/winter collection

F collection *f* automne/hiver

Herzausschnitt *m* → Ausschnitt

Hexenstich *m*

E chevron stitch

F point *m* de chausson

H-Linie *f*

E H-line

F ligne *f* H

H-Linie

hoch geschnitten (Hose)

E high-waist, high-rise, high-cut

F à taille *f* haute

hochkrempeln (Ärmel)

E roll up (a sleeve)

F retrousser (la manche)

hohe Taille *f*

E high waist

F taille *f* haute

Holzknopf *m* → Knopf

Hornknopf *m* → Knopf

Hosenbein *n*
E trouser leg, pant leg AE
F jambe *f* de pantalon
ausgestelltes Hosenbein *n*
E flare leg (of trousers *pl* / pants *pl* AE)
F jambe *f* évasée (de pantalon)
gerades Hosenbein *n*
E straight leg (of trousers *pl* / pants *pl* AE)
F jambe *f* droite (de pantalon)
weites Hosenbein *n*
E flared/wide leg (of trousers *pl* / pants *pl* AE)
F jambe *f* de pantalon large/ ample

Hosenbeinlänge *f*
E length of trouser leg / pant leg AE, trouser leg length
F longueur *f* de la jambe de pantalon
Hosenbeinweite *f*
E width of trouser leg / pant leg AE
F largeur *f* de la jambe de pantalon
Hosenboden *m* (Gesäßpartie)
E seat (of trousers)
F fond *m* (de pantalon)
Hosenbund *m*
E trouser waistband
F ceinture *f* de pantalon
Hosenfutter *n*
E trouser lining
F doublure *f* de pantalon
Hosenlatz *m*
E trouser bib, pants bib AE
F bavette *f* (de pantalon)
Hosenschlag *m*, vgl. → ausgestelltes Hosenbein
E flare, flared leg, bell-bottom leg
F bas *m* de pantalon évasé
Hosenschlitz *m*
E (trouser) fly
F braguette *f*
Hosenschlitz *m*, geknöpft
E button fly
F braguette *f* boutonnée / à boutons
Hosenschlitz *m* mit Reißverschluss
E zip(pered) fly
F braguette *f* à glissière
Hosensteg *m*
E footstrap of trousers *pl* / pants *pl* AE
F sous-pied *m* de pantalon
Hosentasche *f* → Tasche
Hosenträger *mpl* → Kapitel: Accessoires
Hosenträgerklipp *m*
E braces clip BE, suspender clip AE
F pince *f* de bretelles

Hosenumschlag *m*
E trouser turn-up BE, pant cuff AE
F revers *m* de pantalon
Hüftumfang *m* → Kapitel: Maße und Pflegesymbole
Ikat *n*, Ikattechnik *f*
E ikat
F ikat *m*
Imitat *n*, Imitation *f*
E imitation
F imitation *f*
imprägnieren, vgl. → wasserdicht
E to impregnate
F imprégner
Imprägnierung *f*
E impregnation
F imprégnation *f*
Innenbrusttasche *f* → Tasche
Innenfutter *n*
E (inside) lining
F doublure *f* (intérieure)
Innentasche *f* → Tasche
Interlocknaht *f*
E interlock seam
F couture *f* interlock
italienische Manschette *f* → Manschette: Sportmanschette
Jabot *n*
E jabot
F jabot *m*

Jabot

Kängurutasche *f* → Tasche
Kante *f*, vgl. → Webkante, → Rand
E border, edge, (Webkante:) selvedge, selvage AE
F bord *m*, lisière *f*, bordure *f*
kappen
E to fell
F rabattre
Kappnaht *f*
E fell seam, flat-fell seam
F couture *f* rabattue
Kapuze *f* → Kapitel: Accessoires
Karabinerhaken *m*
E snap hook
F mousqueton *m*
Karat *n*
E carat, (AE auch:) karat
F carat *m*
Kellerfalte *f* → Falte
Kentkragen *m* → Hemdkragen

Kette *f*, vgl. → Kette und Schuss, → Schuss
E warp
F chaîne *f*

Kette *f* und **Schuss** *m*
E warp and weft
F chaîne *f* et trame *f*

ketteln
E to loop
F remmailler

Kettennaht *f*
E chain stitch seam
F couture *f* à point de chaînette

Kettenstich *m*
E chain stitch
F point *m* de chaînette

Keulenärmel *m* → Ärmel

Kimonoärmel *m* → Ärmel

Kläppchenkragen *m* → Hemdkragen

Klappe *f* → Taschenklappe

Klappentasche *f* → Tasche

Kleiderbügel *m*
E (clothes) hanger
F cintre *m*

Kleiderbürste *f*
E clothes brush
F brosse *f* à vêtements

Kleiderstange *f*
E clothes rail
F portant *m*, tringle *f* (nur die Stange)

Klettband *n*, vgl. → Verschluss: Klettverschluss
E Velcro ™ tape, Velcro ™ strip
F velcro ™ *m*

Klettenverschluss *m*, Klettverschluss *m* → Verschluss

Knebel(knopf) *m* → Knopf

Knebelverschluss *m* → Verschluss

knielang (Hose, Rock, Kleid)
E knee-length
F longueur *f* (de) genou, jusqu'aux genoux

kniehoch (Stiefel, Strumpf)
E knee-high
F hauteur *f* (de) genou

Knitterfalte *f* → Falte

knitterfrei
E crease-proof, non-crease
F infroissable

knitterig, vgl. → Knitterfalte
E crinkled, creased
F froissé(e)

knöchellang, vgl. → Maxilänge
E ankle length
F longueur *f* cheville, qui arrive à la cheville

knöpfen
E to button
F boutonner

Knötchen *n* (beim Pilling) → Faserknötchen, → Pilling

Knötchenbildung *f* → Pilling

Knopf *m*
E button
F bouton *m*
bezogener Knopf *m*
E covered button
F bouton *m* recouvert
Doppelknopf *m*
E double button
F bouton *m* double
Druckknopf *m*
E snap fastener, snap button, press stud BE, snap AE, popper (BE ugs.)
F bouton-pression *m*, pression *f*
Hemdknopf *m*, Hemdenknopf *m*
E shirt button
F bouton *m* de chemise
Holzknopf *m*
E wooden button
F bouton *m* en bois
Hornknopf *m*
E horn button
F bouton *m* en corne
Knebel(knopf) *m*
E toggle (button)
F bouton *m* bûche

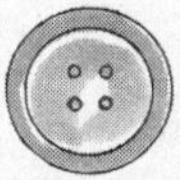
Lochknopf

Ösenknopf

Kragenknopf *m*
E collar button
F bouton *m* de col
Lochknopf *m*
E flat button, sew-through button
F bouton *m* à trous
Manschettenknopf *m*
E cuff link
F bouton *m* de manchette
Ösenknopf *m*
E shank button
F bouton *m* à queue
Perlmutterknopf *m*, Perlmuttknopf *m*
E mother-of-pearl button
F bouton *m* de nacre
Posamentenknopf *m*
E passementerie button, (bei Manschetten:) silk knot
F bouton *m* de passementerie
Vierlochknopf *m*
E 4-hole button, four-hole button
F bouton *m* à quatre trous
Zierknopf *m*
E ornament(al) button
F bouton *m* décoratif
Zweilochknopf *m*
E 2-hole button, two-hole button
F bouton *m* à deux trous

Knopfbezug *m*
E button covering
F revêtement *m* de bouton
Knopfleiste *f*, vgl. → verdeckte Knopfleiste
E button placket
F patte *f* de boutonnage
Knopfleiste *f* (Hose) → geknöpfter Hosenschlitz
Knopfloch *n*, vgl. → Augenknopfloch, → paspeliertes Knopfloch
E buttonhole
F boutonnière *f*
Knopflochverstärkung *f*
E buttonhole reinforcement
F renfort *m* de boutonnière
Knopfreihe *f*
E button row, row of buttons
F rangée *f* de boutons
Knopfschlaufe *f*
E button loop
F bride *f* de boutonnage
Knopfstiel *m*
E button shank
F queue *f* de bouton
Knopfverschluss *m* → Verschluss
Knoten *m* (Krawatte, Schleife, Schnürsenkel, u. Ä.)
E knot
F nœud *m*
knoten
E to knot, to tie
F nouer
Köperbindung *f* → Bindung
Körpermaß *n*, vgl. → Kapitel: Maße und Pflegesymbole
E body measurement
F mensuration *f*

Der Hemdkragen
The shirt collar
Le col de chemise

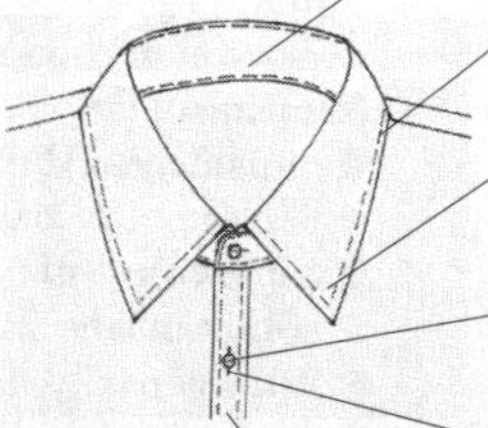

Kollektion *f*
E collection
F collection *f*
Koller *n* (Sattel/Schulterschutz), vgl. → Sattel
E yoke, (Schulter:) shoulder flap
F bavolet *m*
Konfektion *f*, vgl. → Prêt-à-porter
E ready-to-wear clothing/apparel
F prêt-à-porter *m*, (veraltet:) confection *f*
Konfektionskleidung *f*
E ready-to-wear (clothing)
F (vêtement *m*) prêt-à-porter *m*
Kordel *f*
E cord
F cordon *m*, ficelle *f*
Kordelstopper *m*
E cord stopper
F stoppeur *m*
Kordelzug *m*, vgl. → Tunnelzug *m*
E drawstring
F cordon *m* / lien *m* sous coulisse, lien *m* coulissé
kräuseln
E curl, crimp
F froncer, crêper, plisser

Kragen *m*, vgl. → Hemdkragen
E collar
F col *m*
abnehmbarer Kragen *m*
E detachable collar
F col *m* amovible, faux-col *m*
Bubikragen *m*, auch: Claudine-Kragen
E Peter Pan collar
F col *m* Claudine
Claudine-Kragen *m* → Bubikragen
Dackelohrkragen *m*
E dog ear collar
F col *m* banane
Matrosenkragen *m*
E sailor collar, middy collar
F col *m* marin
Pierrotkragen *m*
E Pierrot collar
F col *m* pierrot
Polokragen *m*
E polo collar, Lacoste collar
F col *m* polo
Reverskragen *m* (vgl. Abb. S. 126)
E lapel collar
F col *m* tailleur
Rollkragen *m*
E turtleneck collar AE, polo neck BE
F col *m* roulé

Rollkragen *m*, halsfern
E cowl neck/collar
F col *m* boule

Rüschenkragen *m*
E ruche collar, frilled collar
F col *m* à volants, col *m* ruché

Schalkragen *m*
E shawl collar
F col *m* châle

Schleifenkragen *m*, auch: Schluppenkragen
E tie neck, bow collar/neck
F col *m* lavallière

Stehkragen *m*, vgl. → Hemdkragen: Stehkragen
E band collar, stand-up collar
F col *m* montant, col *m* officier

Troyerkragen *m*
E half-zip turtleneck
F col *m* camionneur

Kragenbruch *m*
E collar break line
F cassure *f* du col

Krageneinlage *f*
E collar interfacing
F triplure *f* de col

Kragengröße *f*
E collar size
F mesure *f* d'encolure/du col, tour *m* de cou

Kragenknopf *m* → Knopf

kragenlos
E collarless
F sans col

Kragenstäbchen *n*
E collar stay
F baleine *f* de col

Kragensteg *m*, Kragenfuß *m*
E collar stand
F pied *m* de col

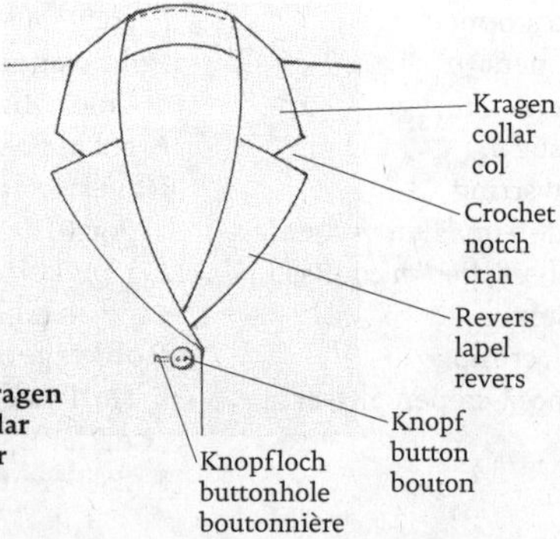

Der Reverskragen
The lapel collar
Le col tailleur

Krawattenknoten *m*
E tie knot
F nœud *m* de cravate
Krempelärmel *m* → Ärmel
Kreuzstich *m*
E cross-stitch
F point *m* de croix
krumpfen
E to shrink
F rétrécir
krumpfsicher
E shrink-proof
F irrétrécissable
kürzen
E to shorten
F raccourcir
kurzärmelig
E short-sleeved
F à manches *fpl* courtes
kurzer Ärmel *m* → Ärmel
Kurzwaren *fpl*
E haberdashery BE, dry goods AE
F (articles *mpl* de) mercerie *f*
Länge *f* (vgl. Abb. S. 130)
E length
F longueur *f*

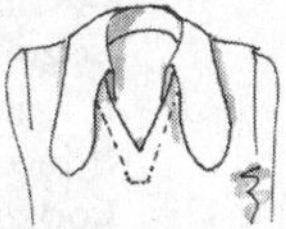
Dackelohrkragen

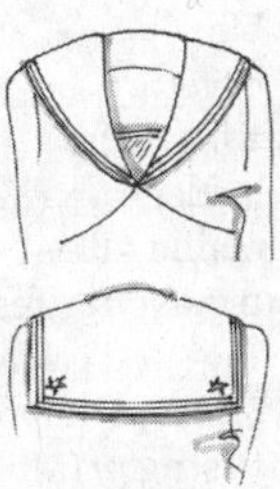
Matrosenkragen

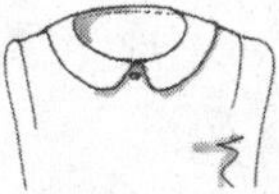
Bubikragen

Polokragen

Pierrotkragen

Troyerkragen

Rollkragen

Schalkragen

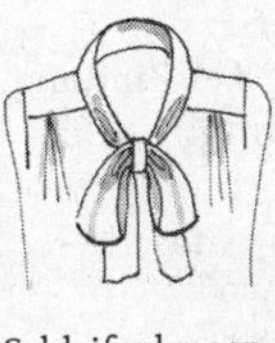
Schleifenkragen

Lagen-Look *m*, auch: Layering *n*
E layering
F superposition *f* (de vêtements *mpl*), vêtements *mpl* superposés
langer Ärmel *m* → Ärmel
Lasche *f*
E loop, flap, (Schuh:) tongue
F patte *f*, rabat *m* (Umschlag), (Schuh:) languette *f*
Latz *m* (Teil oberhalb der Taille einer Latzhose oder Schürze)
E bib
F bavette *f*
Laufmasche *f*
E ladder, run AE
F maille *f* filée
laufmaschenfest → Kapitel: Tag- und Nachtwäsche, Strumpfwaren
Laufsteg *m* (Modenschau)
E catwalk, runway
F podium *m* (de défilé)
Layering *n* → Lagen-Look
Lederwaren *fpl*
E leather goods *pl*
F maroquinerie *f*
Leinenbindung *f* → Bindung
Leinwandbindung *f* → Bindung
Leistentasche *f* → Tasche
lichtecht (Stoff)
E lightfast
F bon teint, grand teint
Liegefalte *f* → Falte: einfache Falte
Linie *f*
E line
F ligne *f*
linke Seite *f* (eines Gewebes/Stoffes)
E reverse side (of a fabric)
F envers *m* (d'un tissu)
Litze *f*, vgl. → Tresse, → Soutache
E braid, braiding
F galon *m*, tresse *f*, liséré *m* / liseré *m*
Lochknopf *m* → Knopf
Logo *n*
E logo
F logo *m*
Look *m*
E look
F look *m*
loser Schnitt *m*
E loose fit
F coupe *f* ample
Luftdurchlässigkeit *f*
E air permeability
F perméabilité *f* à l'air
Luftkissen *n*
E air cushion
F coussin *m* d'air
Magnetverschluss *m* → Verschluss
Makramee *n*
E macramé
F macramé *m*

Manschette *f*
E (shirt) cuff
F poignet *m*, (mit Umschlag auch:) manchette *f*
Doppelmanschette *f* → Umschlagmanschette
französische Manschette *f* → Umschlagmanschette
italienische Manschette *f* → Sportmanschette
Sportmanschette *f*, auch: italienische Manschette
E barrel cuff, button cuff, single cuff
F poignet *m* simple, poignet *m* droit

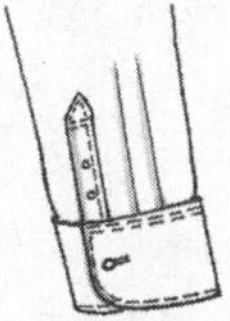

Sportmanschette

Umschlagmanschette *f*, auch: Doppelmanschette *f*, französische Manschette *f*
E French cuff, double cuff
F poignet *m* mousquetaire

Manschettenknopf *m* → Kapitel: Accessoires

Marke *f*
E brand, label
F marque *f*
Martingale *f* → Rückengürtel
Masche *f*
E stitch (Strick-), mesh (Netz)
F maille *f*
Maschen *fpl* **auftrennen**
E to unknit
F défaire les mailles *fpl*
Maschendichte *f*
E mesh density, knit density
F densité *f* des mailles
Maschenware *f* (Strick- und Wirkware)
E knitwear, knits *pl*, knitted fabrics *pl* (Stoffe)
F tricots *mpl*, articles *mpl* en mailles, bonneterie *f*
Maß-, vgl. → Maßanzug, → Maßkleidung, im Kapitel: Damen- und Herrenbekleidung
E bespoke (höchste Ansprüche), made-to-measure, tailor-made
F sur mesure *f*

Umschlagmanschette

Maßband *n*, auch: Bandmaß *n*
E tape measure, measuring tape
F centimètre *m* (de couturière, de tailleur), (aus Metall:) mètre *m* (à) ruban *m*

Maße *npl*
E measurements *pl*
F mesures *fpl*

maßgeschneiderte Kleidung → Maßkleidung, → Maßanzug, im Kapitel: Damen- und Herrenbekleidung

Maßkleidung *f* → Kapitel: Damen- und Herrenbekleidung

Maß nehmen *n*
E to take measurements
F prendre les mesures *fpl*

Matrosenkragen *m* → Kragen

Maxilänge *f*
E maxi length, ankle length
F longueur *f* cheville

Merzerisation *f*, Merzerisierung *f*
E mercerization
F mercerisage *m*

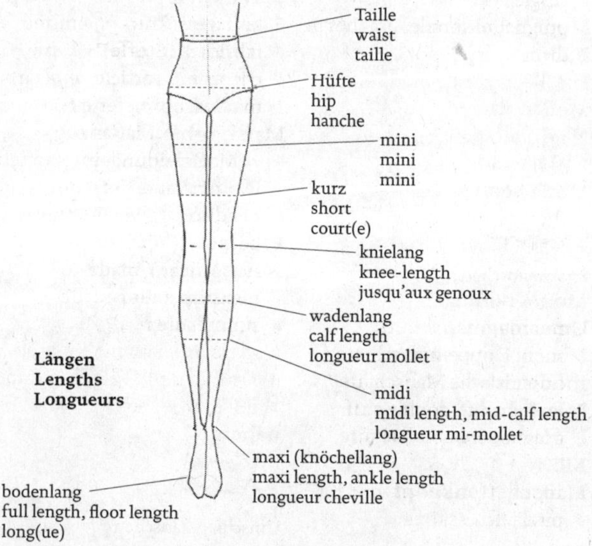

merzerisieren
E to mercerize, to mercerise
F merceriser
merzerisiert
E mercerised, mercerized
F mercerisé(e)
Midi-Länge *f*
E midi length, mid-calf length
F longueur *f* mi-mollet
Minilänge *f*
E mini length
F longueur *f* mini
Mode *f*
E fashion
F mode *f*
Modekollektion *f*
E fashion collection
F collection *f* de mode
Modenschau *f*
E fashion show, runway show
F défilé *m* de mode
Modetrend *m*, vgl. → modisch
E fashion trend
F tendance *f* de la mode
Monogramm *n*
E monogram
F monogramme *m*
modisch
E fashionable, trendy
F à la mode
Motiv *n*
E motif
F motif *m*
mottenfest
E mothproof
F antimite
Multifunktions-
E multifunctional, all-purpose
F multifonctionnel(le)
Muster *n* → Kapitel: Drucke und Muster
Muster *n* → Schnittmuster
Muster *n* (Warenprobe)
E sample, (Stoffmuster:) swatch
F échantillon *m*
Nadel *f*
E pin, (Näh-) needle
F épingle *f*, (Näh-) aiguille *f*
Nadeleinfädler *m* → Einfädelnadel
Nadelkissen *n*
E pin cushion
F pelote *f* à épingles
Nadelöhr *n*
E needle eye, eye of a needle
F chas *m*
Nadelstich *m*
E needle stitch
F point *m* de couture
Nadelstreifen *m* → Kapitel: Drucke und Muster, → Kapitel: Materialien
nähen
E to sew
F coudre

Nähmaschine *f*
E sewing machine
F machine *m* à coudre
Nähnadel *f*
E sewing needle
F aiguille *f* à coudre
Naht *f*
E seam
F couture *f*
Nahtart *f*
E type of seam, seam type
F type *m* de couture
Nahtband *n*
E seam binding tape/ribbon
F extra-fort *m*, extrafort *m*
Nahtbreite *f*
E seam width
F largeur *f* de couture
Nahtfestigkeit *f*
E seam strength
F solidité *f* de la couture
Nahtlänge *f*
E length of seam
F longueur *f* de la couture
nahtlos, auch: seamless
E seamless
F sans couture(s)
Nahttasche *f* → Tasche
nicht einlaufend
→ schrumpffest, → krumpfsicher
Niete *f*
E rivet, stud
F rivet *m*, clou *m*
nieten
E to rivet
F riveter
Obermaterial *n* → Kapitel: Schuhe
Oberseite *f* (eines Stoffes)
E right side (of a fabric/cloth)
F endroit *m* (d'un tissu)
Öhr *n* → Nadelöhr
ökologisch
E ecological
F écologique
Öse *f*
E eyelet, eye
F œillet *m*
offen
E open
F ouvert(e)
offener Ärmel *m* → Ärmel
Ohrenklappe *f* (einer Mütze)
E ear flap
F oreillette *f*
Ohrenschützer *m* → Kapitel: Accessoires
opak, vgl. → blickdicht
E opaque
F opaque
Ornament *n*
E ornament
F ornement *m*
oversized
E oversized
F très large, très grand(e)
Pagodenärmel *m* → Ärmel

Paspel *f*
E piping
F passepoil *m*
paspelieren
E to pipe
F passepoiler
paspeliert
E piped
F passepoilé(e)
paspeliertes Knopfloch *n*, Paspelknopfloch *n*
E piped buttonhole
F boutonnière *f* passepoilée
Paspelierung *f*
E piping
F passepoilage *m*, passepoil *m*
Paspeltasche *f* → Tasche
Passe *f*, vgl. → Sattel
E yoke
F empiècement *m*
Passement *m* → Posament
Passform *f*
E fit
F coupe *f* (Schnitt)
Patchwork *n*
E patchwork
F patchwork *m*
Patte *f* (Taschenklappe)
E flap
F rabat *m*
Pattentasche *f* → Tasche
Pelzbesatz *m*
E fur trimming
F garniture *f* de fourrure
Pelzkragen *m*
E fur collar, fur-trimmed collar
F col *m* de fourrure
Perlmuttknopf *m* → Knopf
Pflege *f*
E care
F entretien *m*
Pflegeetikett *n*, vgl. → Kapitel: Maße und Pflegesymbole
E care label
F étiquette *f* d'entretien
Pflegehinweis *m*, vgl. → Kapitel: Maße und Pflegesymbole
E care instruction
F instruction *f* / code *m* d'entretien
pflegeleicht
E easy-care, (u. a. bügelfrei:) wash-and-wear
F facile à entretenir, entretien *m* facile
Pflegesymbol *n*, Pflegekennzeichen *n*, vgl. → Kapitel: Maße und Pflegesymbole
E care symbol
F symbole *m* d'entretien
Piccadilly-Kragen *m* → Hemdkragen
Picot *m*
E picot
F picot *m*

Picotkante *f*
E picot edge
F bord *m* picot
Picotstich *m*
E picot stitch
F point *m* de picot
Pierrotkragen *m* → Kragen
Pilling *n* (Knötchenbildung)
E pilling
F boulochage *m*, formation *f* de peluches
Plastron *m/n* (Krawattenschal) → Kapitel: Accessoires
Plastron *m/n* (Hemdbrust, Bruststück)
E dicky/dickey, plastron
F plastron *m*

Plissee *n*, vgl. → Falte
E plissé, pleats *pl*
F plissé *m*
Bahnenplissee *n*
E accordion pleats *pl*
F plissé *m* accordéon
Sonnenplissee *n*
E sunray pleats *pl*, sunburst pleats *pl*, fan pleats *pl*
F plissé *m* soleil, plissé *m* éventail

plissiert
E pleated
F plissé(e)
Polokragen *m* → Kragen
Polster *n*
E pad, padding, (Schuhe:) cushioning
F rembourrage *m*, coussin *m* (Kissen)
Pompon *m*
E pompom, pompon
F pompon *m*
Posament *n*, (veraltet:) Passement *m*
E trimming, passementerie
F passement *m*, passementerie *f* (gesamt)
Posamentenknopf *m* → Knopf

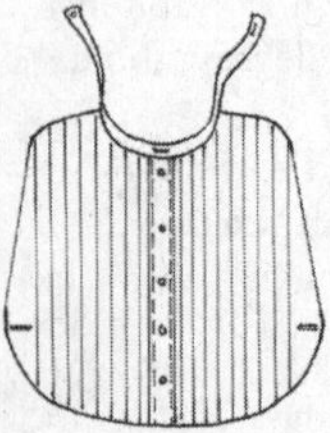
Plastron

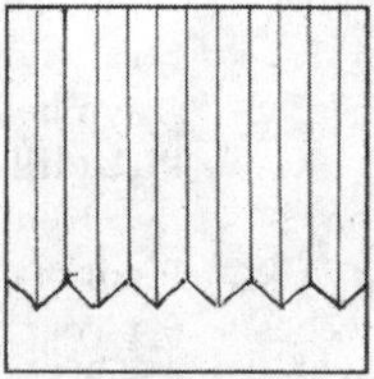
Bahnenplissee

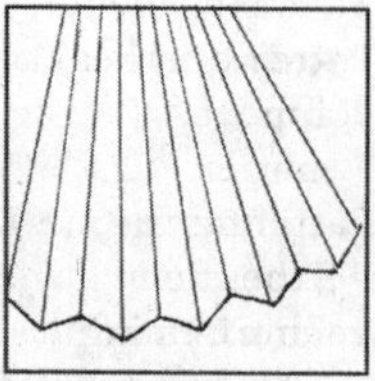
Sonnenplissee

Posamentenverschluss *m*
→ Verschluss
Prägen *n* → Gaufrage
Prêt-à-porter *n*
E ready-to-wear, prêt-à-porter
F prêt-à-porter *m*
Print *m* → Druck
Probe *f* → Muster (Warenprobe)
Puffärmel *m* → Ärmel
Quaste *f*, vgl. → Bommel, → Pompon
E tassel, pompon
F houppe *f*, pompon *m*
Quetschfalte *f* → Falte
raffen
E to gather
F froncer
Raffung *f*
E gathering, gathers
F fronces *fpl*
Raglanärmel *m* → Ärmel
Rand *m*, vgl. → Kante, → Webkante
E edge, border (allg.), (vom Hut:) brim
F bord *m*, bordure *f*, lisière *f* (eines Stoffes)
Rapport *m* (Musterwiederholung)
E pattern repeating
F répétition *f* du dessin
rechte Seite *f* (des Gewebes)
E right side (of a fabric)
F endroit *m* (d'un tissu)
recycelbar, recyclebar
E recyclable
F recyclable
reflektierend
E reflective
F réfléchissant(e)
regendicht
E rainproof
F imperméable
rein
E pure
F pur(e)

Reißverschluss *m*, vgl. → Zwei-Wege-Reißverschluss
E zip BE, zip fastener BE, zipper AE, slide fastener AE
F fermeture *f* éclair, fermeture *f* à glissière, glissière *f*, zip *m*

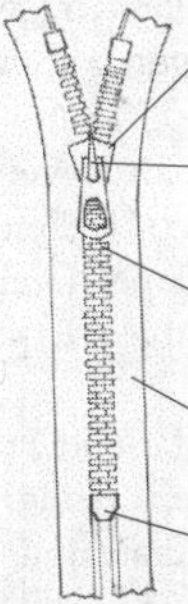

Der Reißverschluss
The zip fastener
La fermeture à glissière

Band *n*
E tape
F ruban *m*, bande *f*
Endteil *n*
E bottom stop
F réunion *f*
Schieber *m*
E slider
F curseur *m*
Schiebergriff *m*
E puller, pull
F tirette *f*
Stopper *m*
E stopper
F arrêt *m*
Zähne *mpl*, Krampen *fpl*
E dents, teeth
F dents *fpl*, mailles *fpl*

Reißverschlusstasche *f* → Tasche
Revers *n*, vgl. → Kragen: Reverskragen, → Seidenrevers
E lapel, (nur die Reversoberseite:) revers, (fallend:) notch(ed) lapel, (steigend:) peak(ed) lapel AE, pointed lapel BE
F revers *m*, (fallend:) revers *m* à cran ouvert, (steigend:) revers *m* à cran aigu
Reversbreite *f*
E lapel width
F largeur *f* de revers
Reversknopfloch *n*
E lapel buttonhole
F boutonnière *f* de revers
Reverskragen *m* → Kragen

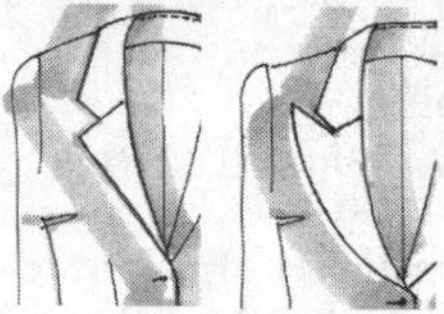

Revers: l. fallend, r. steigend

Riemen *m*
E strap
F lanière *f*
Rippen *fpl* (z. B. beim Pullover), vgl. → gerippt
E ribs *pl*
F côtes *fpl*
Rockschlitz *m*
E skirt slit
F fente *f* de jupe
Rohfärben *n* → Färben
Rollkragen *m* → Kragen
Rollsaum *m*
E rolled hem
F ourlet *m* roulotté
Rosette *f* → Kapitel: Accessoires
Rückenabnäher *m*
E back dart
F pince *f* de dos
Rückenausschnitt *m* → Rückendekolletee

Rückendekolleté *n*, auch: Rückendekolletee *n*, Rückenausschnitt, vgl. → rückenfrei
E low backline, U-back
F décolleté(e) *m* (dans le) dos

rückenfrei
E backless
F dos *m* nu

Rückengürtel *m*, Rückengurt *m*, Martingale *f*
E half belt, martingale (belt)
F martingale *f*

Rückenpasse *f*, auch: Rückensattel *m*
E back yoke
F empiècement *m* (de) dos

Rückensattel *m* → Rückenpasse

Rückenschlitz *m*
E back slit, back vent
F fente *f* dos

Rückseite *f* (eines Stoffes)
E reverse side, back side (of a fabric)
F envers *m* (d'une étoffe)

Rückseite *f* (eines Kleidungsstücks)
E back (of a garment)
F dos *m* (d'un vêtement)

Rüsche *f*
E frill, ruffle, ruche
F ruche *f*, ruché *m*

Rüschenkragen *m* → Kragen

rund
E round, rounded (abgerundet)
F rond(e), arrondi(e) (abgerundet)

runder Halsausschnitt *m* → Ausschnitt

Rundhalsausschnitt *m* → Ausschnitt

rutschfest
E non-slip
F antidérapant(e)

säumen
E to hem
F ourler

Safari-Look *m*
E safari look
F style *m* safari

Sandstrahlen *n*
E sandblasting
F sablage *m*

sanforisiert
E Sanforized ™, Sanforised ™
F sanforisé(e)

Satinbindung *f* → Bindung

Satinstreifen *m*
E satin stripe
F rayure *f* satin

Sattel *m*, vgl. → Passe
E yoke
F empiècement *m*

Sattel *m* (Koller/Schulterschutz)
E shoulder flap
F bavolet *m*
Saum *m*
E hem
F ourlet *m*
Saumnaht *f*
E hem seam
F couture *f* d'ourlet
schadstoffgeprüft
E tested for harmful substances
F testé(e) pour substances nocives
Schalkragen *m* → Kragen
Scheuerfestigkeit *f*
E abrasion resistance, resistance to abrasion
F résistance *f* à l'abrasion
Schicht *f* (Lage)
E layer
F couche *f*
Schichten *n* → Lagen-Look (Layering)
Schieber *m* → Reißverschluss
Schiebergriff *m* → Reißverschluss
Schinkenärmel *m* → Ärmel: Keulenärmel
Schlaufe *f*
E loop, strap
F passant *m* (Gürtelschlaufe), bride *f*, nœud *m* (coulant)
Schleife *f* (Querbinder) → Kapitel: Accessoires
Schleife *f*
E bow, ribbon
F nœud *m*, (Band-) boucle *f*
Schleifenkragen *m* → Kragen
Schleppe *f* (eines Kleides)
E train (of a dress)
F traîne *f* (d'une robe)
Schließe *f*
E clasp, fastener
F fermoir *m*
Schlinge *f*
E loop
F nœud *m* (coulant)
Schlingenverschluss *m* → Verschluss
Schlipsknoten *m* → Krawattenknoten
Schlitz *m*, vgl. → Rückenschlitz, → Seitenschlitz, → Hosenschlitz
E slit, vent
F fente *f*
Schluppe *f*
E bow, tie-neck
F lavallière *f*
schmal
E narrow
F étroit(e), (Streifen z. B.:) fin(e)
Schmetterlingsärmel *m* → Ärmel

Schnalle *f*
E buckle
F boucle *f*
schneiden
E to cut
F couper
Schneiderärmel *m* → Ärmel
Schneiderbüste *f* → Schneiderpuppe
Schneiderkreide *f*
E tailor's chalk
F craie *f* tailleur
Schneider-Maßband *n*
E tailor's tape measure
F mètre *m* (ruban) de couturière/couturier
schneidern
E to tailor
F coudre, faire de la couture, confectionner
Schneiderpuppe *f*, auch: Schneiderbüste *f*
E tailor's dummy, dressmaker's dummy, dress form
F mannequin *m* de couture/couturière
Schnitt *m*
E cut
F coupe *f*
Schnittkante *f*
E cutting edge
F bord *m* de coupe
Schnittmuster *n*
E pattern
F patron *m* (de couture)
schnüren
E to lace
F lacer
Schnüren *n*
E lacing
F laçage *m*
Schnürloch *n* → Öse
E (lacing) eyelet
F œillet *m* (à laçet)
Schnürung *f*
E lacing
F laçage *m*
Schnur *f*
E string, cord
F cordon *m*, ficelle *f*
Schoß *m*
E tail, (Hemdschoß:) shirttail
F basque *f*, pan *m*, (Frack:) queue *f* (d'un habit)
schräg
E diagonal, oblique, (on the) bias
F diagonal(e), oblique, (dans le/en) biais
Schrägschnitt *m*
E bias-cut
F coupe *f* en biais
Schritt *m* (einer Hose)
E crotch (of trousers/pants)
F entrejambe *m* (de pantalon), fourche *f* (d'un pantalon)
schrumpfen vgl. → krumpfen, → einlaufen
E to shrink
F (se) rétrécir

Schrumpfen *n*, Schrumpfung *f*
E shrinkage
F rétrécissement *m*
schrumpffest
E shrinkproof
F irrétréssisable

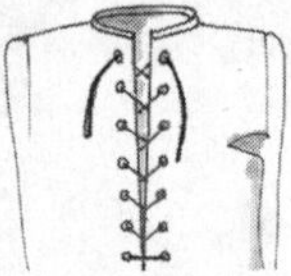

Schnürung

schulterfrei, vgl. → trägerlos
E off-the-shoulder
F épaules *fpl* dégagées, épaules *fpl* nues
Schulterklappe *f*
E epaulette, epaulet, shoulder strap
F patte *f* d'épaule, épaulette *f* (mil.)
Schulterpolster *n*
E shoulder pad
F épaulette *f*
Schuss *m*, vgl. → Kette, → Kette und Schuss
E weft
F trame *f*
schusssicher (Bekleidung) → Kapitel: Damen- und Herrenbekleidung
seamless → nahtlos
Secondhandkleidung
E second-hand clothes *pl* / clothing
F vêtement *m* d'occasion, fripes *fpl*
Seidenfutter *n*
E silk lining
F doublure *f* de soie
Seidenrevers *n*
E silk lapel, (nur die Reversoberseite:) silk revers
F revers *m* de soie
Seite *f*
E side
F côté *m*
Seitennaht *f*
E side seam
F couture *f* de côté
Seitenschlitz *m*
E side slit, side vent
F fente *f* latérale, fente *f* de côté
Seitentasche *f* → Tasche
Set *n*
E set
F ensemble *m*
Sicherheitsnadel *f*
E safety pin
F épingle *f* de sûreté, épingle *f* de nourrice
Sitz *m* (eines Kleidungsstückes) → Passform
Slim Fit *m* → anliegender Schnitt

Smokarbeit *f*
E smocking
F smocks *mpl*
Sonnenplissee *n* → Plissee
Soutache *f*
E soutache
F soutache *f*
Spaghetti-Träger *m* (Schulter)
E spaghetti (shoulder) strap
F bretelle *f* fine
spinnen
E to spin
F filer
Spitze *f* (Form)
E point (z. B. beim Schuh), peak (z. B. beim Hut)
F pointe *f*, bout *m* pointu
Spitze *f* (Material) → Kapitel: Stoffe und Materialien
Spitzenbesatz *m*
E lace edging
F garniture *f* de dentelle
sportlich (Stil)
E sporty
F sportif-ive, (Look:) allure *f* / look *m* sport
Sportmanschette *f* → Manschette
Spule *f*
E reel, spool, (Garnrolle): bobbin
F bobine *f*, canette *f*
stärken
E to starch
F amidonner, empeser
Standardgröße *f*, vgl. → Kapitel: Maße und Pflegesymbole
E standard size, regular size
F taille *f* standard
Stecknadel *f*
E pin
F épingle *f*
Steg *m* → Fußsteg, → Hosensteg
Stehkragen *m* → Kragen, → Hemdkragen
steigendes Revers *n* → Revers
steppen
E to stitch, to quilt
F piquer
Steppfutter *n*
E quilted lining
F doublure *f* matelassée
Stich *m*
E stitch
F point *m* (de couture)
Stichabstand *m*
E stitch interval
F intervalle *m* entre les points
sticken
E to embroider
F broder
Stickerei *f*
E embroidery
F broderie *f*

Sticknadel *f*
E embroidering needle
F aiguille *f* à broder
Stickwaren *fpl*
E embroideries
F broderies *fpl*
Stil *m*
E style
F style *m*
Stoffbreite *f*
E fabric width
F largeur *f* du tissu, (zwischen zwei Webkanten:) laize *f*
Stoffkante *f* → Kante, → Webkante
Stoffmuster *n* (Dessin, Motiv) → Kapitel: Muster und Drucke
Stoffmuster *n* (Probe)
E swatch, fabric sample
F échantillon *m* de tissu
stonewashed (Jeansstoff)
E stonewashed
F stone washed
stopfen (ein Loch)
E to mend, to darn
F raccommoder, repriser
Stopper *m* (z. B. beim Kordelzug)
E stopper
F stoppeur *m*
Stopper *m* (beim Reißverschluss) → Reißverschluss
Stoßband *n* (Hosenschonerband)
E (trouser) kick tape
F talonnette *f* (de pantalon)
strapazierfähig
E hard-wearing
F solide
Streetwear *f*
E streetwear
F streetwear *m*
Streifen *m* → Kapitel: Muster und Drucke
stretch, vgl. → elastisch
E stretch
F stretch
Strickbund *m*
E knitted/rib-knit cuff (Ärmel), knitted/rib-knitted waist (Taillenbund)
F bord *m* côtes
stricken
E to knit
F tricoter
Stricknadel *f*
E knitting needle
F aiguille *f* à tricoter
Strickwaren *fpl*, vgl. → Tricotwaren, → Wirkwaren
E knitwear, knitted garments *pl*, knits *pl*
F articles *mpl* tricotés, tricotages *mpl*, tricots *mpl*
Stückfärben *n* → Färben
Stulpe *f* (Arm-, Beinstulpe) → Kapitel: Accessoires

Stulpe *f* (am Ärmel) → Ärmelaufschlag
Tab-Kragen *m* → Hemdkragen
Taille *f*, vgl. → Kapitel: Maße und Pflegesymbole
E waist
F taille *f*
Taille *f*, hohe → hohe Taille
Taillenabnäher *m*
E waist dart
F pince *f* de taille
Taillenlinie *f*
E waistline
F ligne *f* de taille
Taillenumfang *m* → Kapitel: Maße und Pflegesymbole
tailliert
E fitted (at the waist)
F cintré(e)
taillierter Schnitt *m*
E fitted cut
F coupe *f* cintrée
Tasche *f* (Tragetasche) → Kapitel: Accessoires

Tasche *f* (Gewandtasche)
E pocket
F poche *f*
aufgesetzte Brusttasche *f*
E patched breast pocket
F poche *f* poitrine plaquée
aufgesetzte Tasche *f*
E patch pocket
F poche *f* plaquée, poche *f* appliquée
Billetttasche *f*
E ticket pocket
F poche *f* billet
Blasebalgtasche *f*
E bellows pocket
F poche *f* (à) soufflet
Brusttasche *f*
E breast pocket
F poche *f* de poitrine

Nahttasche

Blasebalgtasche

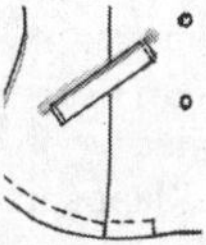
Leistentasche

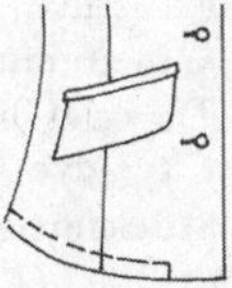
Klappentasche

Paspeltasche

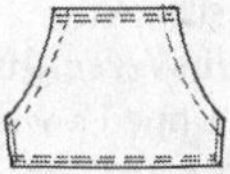
Kängurutasche

Gesäßtasche *f*
E hip pocket
F poche-revolver *f*, poche *f* arrière
Hosentasche *f*
E trouser pocket
F poche *f* de pantalon
Innentasche *f*
E inside pocket
F poche *f* intérieure
Innenbrusttasche *f*
E inside breast pocket
F poche *f* poitrine intérieure
Kängurutasche *f*
E kangaroo pocket
F poche *f* kangourou
Klappentasche *f*
E flap pocket
F poche *f* à rabat
Leistentasche *f*
E welt pocket
F poche *f* gilet
Nahttasche *f*
E seam pocket
F poche *f* (prise dans la) couture
Paspeltasche *f*
E piped pocket
F poche *f* passepoilée
Pattentasche *f* → Klappentasche
Reißverschlusstasche *f*
E zipped pocket
F poche *f* zippée, poche *f* à fermeture éclair
Seitentasche *f*
E side pocket
F poche *f* (de) côté
Uhrentasche *f*
E watch pocket, fob pocket
F gousset *m*
Westentasche *f*
E waistcoat pocket BE, vest pocket AE
F poche *f* de gilet
Zippertasche *f* → Reißverschlusstasche

Taschenfutter *n*
E pocket lining
F doublure *f* de poche
Taschenklappe *f*
E pocket flap
F rabat *m* de poche
Taschenpatte *f* → Taschenklappe
Textilien *fpl*
E textiles *pl*
F textiles *mpl*
Textilpflege *f*
E textile care
F entretien *m* des textiles
thermisch
E thermal
F thermique
Tie-dye(-Technik *f*)
E tye-dye
F tie and dye *m*

tief ausgeschnitten (Dékolletée), vgl. → Ausschnitt: tiefer Ausschnitt
E low-cut (neckline)
F très décolleté(e), décolleté *m* profond/plongeant
tiefer Ausschnitt *m* → Ausschnitt
tiefsitzend
E low-cut, low-rise, low-slung, hipster BE, hip-hugging AE
F taille *f* basse
Ton *m* → Farbton
Ton in Ton
E tone-on-tone
F ton *m* sur ton
Träger *m* (Schulterträger), vgl. → Hosenträger (Kapitel: Accessoires)
E (shoulder) strap
F bretelle *f*
Träger *mpl*, gekreuzt → gekreuzte Träger
Träger *m*, verstellbar → verstellbarer Träger
trägerlos
E strapless
F sans bretelle(s) *f(pl)*
tragen (Kleidung)
E to wear (clothes)
F porter (un vêtement)
transparent, vgl. → durchsichtig
E transparent
F transparent(e)
Transparenz *f*
E transparency
F transparence *f*
Trapezlinie *f*
E trapeze line
F ligne *f* trapèze
Trend *m*
E trend
F tendance *f*
Tresse *f*
E braid
F tresse *f*
Trikotagen *fpl* → Trikotwaren, → Strickwaren, → Maschenwaren
Trikotwaren *fpl*
E knitted goods *pl*, knitwear
F tricots *mpl*, articles *mpl* en tricot
Troddel *f* (kleine Quaste)
E tassel
F houppe *f*
Trompe l'œil *m*
E trompe l'oeil
F trompe-l'œil *m*
Trompetenärmel *m* → Ärmel
Tropfenausschnitt *m* → Ausschnitt
Troyerkragen *m* → Kragen
Tunnelbund *m*, vgl. → Kordelzug
E tunnel belt/waist
F ceinture *f* sous tunnel

Tunnelzug *m*, vgl. → Kordelzug
E drawstring
F (lien *m* / ceinture *f*) sous coulisse

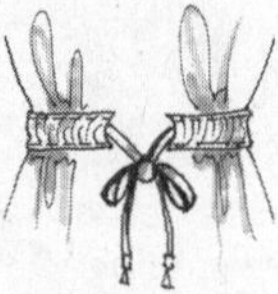

Tunnelzug

Übergangs(be)kleidung *f*
E in-between-seasons wear
F vêtement *m* de mi-saison
Übergröße *f*
E outsize, plus size
F grande taille *f*
U-Boot-Ausschnitt *m* → Ausschnitt: Bootausschnitt
Uhrentasche *f* → Tasche
umgeschlagen, Umschlag *m*
E turn-up BE, cuff AE (Hose), turnback (Ärmel)
F à revers (fertig genäht), retroussé(e) (temporär)
Umschlag *m* → Hosenumschlag
Umschlagmanschette *f* → Manschette
umweltfreundlich
E environmentally friendly, eco-friendly
F écologique
unbehandelt
E untreated
F non-traité(e)
ungefüttert, vgl. → futterlos
E unlined
F sans doublure, non-doublé(e)
unsichtbar
E invisible
F invisible
Used Look *m* (Used Optik)
E used look
F (aspect *m* / look *m*) used/usé
V-Ausschnitt *m* → Ausschnitt

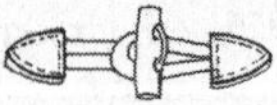

Knebelverschluss

Posamentenverschluss

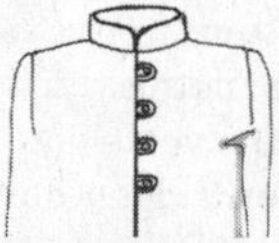

Schlingenverschluss

verbleichen
E to fade (in colour)
F perdre sa couleur, se décolorer

verdeckte Knopfleiste *f*
E concealed button placket
F (patte *f* de) boutonnage *m* caché(e)

verfärben, sich
E to discolour BE / discolor AE
F changer de couleur

verknittert
E creased, wrinkled
F chiffonné(e), froissé(e)

verknoten → knoten

verlängern (ein Kleidungsstück länger machen)
E to lengthen, (beim Kleid:) to drop the hem
F allonger, rallonger

Verschluss *m*
E closure, fastener, fastening, (u. a. bei Schmuck:) clasp
F fermeture *f*, (Schmuck:) fermoir *m*

Druckknopfverschluss *m*, vgl. → Druckknopf
E snap fastener, press stud fastener/closure BE, snap closure AE
F fermeture *f* à bouton-pression

Klettenverschluss *m*, Klettverschluss *m* (aus: Flausch- und Hakenband)
E Velcro ™ fastener, Velcro ™ strip fastener, (= hook and loop)
F (fermeture *f*) velcro ™ *m* scratch *m* (= velours et crochets)

Knebelverschluss *m*
E toggle closure/fastening
F fermeture *f* à brandebourgs

Knopfverschluss *m*
E button fastening
F fermeture *f* à bouton(s)

Magnetverschluss *m*
E magnetic snap
F fermeture *f* / fermoir *m* magnétique

Posamentenverschluss *m*
E frog (closure/fastening/toggle), Chinese frog button
F brandebourg *m* (en) passementerie

Schlingenverschluss *m*
E button-and-loop closure
F fermeture *f* à bride

---

verstärken
E to reinforce
F renforcer

verstärkt
E reinforced
F renforcé(e)

verstärkt, mit Fischbein *n*
E stiffened with whalebone
F baleiné(e)
Verstärkung *f*
E reinforcement
F renfort *m*
verstellbar
E adjustable
F ajustable, réglable
verstellbarer Träger *m*
E adjustable (shoulder) strap
F bretelle *f* réglable
verwaschen (Farbe)
E faded (with wash)
F délavé(e)
verzieren
E to decorate, to trim
F garnir, décorer
Verzierung *f*
E decoration, ornament, trimming
F ornement *m*, décoration *f*, ornementation *f*
vielfarbig
E multicoloured BE, multicolored AE
F multicolore
Viereck-Ausschnitt *m* → Ausschnitt
Vierlochknopf *m* → Knopf
Vintage (-Keidung *f*), Vintage-Mode *f*
E vintage (clothes/fashion)
F vintage *m*, mode *f* / vêtements *mpl* vintage
Volant *m*, vgl. → Rüsche
E flounce
F volant *m*
Volantärmel *m* → Ärmel
Vorderseite *f*, Vorderteil *n* (eines Kleidungsstücks)
E front (of a garment)
F devant *m* (d'un vêtement)
vorgewaschen
E pre-washed
F prélavé(e)
vorn(e), vordere(r)
E (on/in the) front
F devant *m*
wadenlang, vgl. → Länge
E calf length
F longueur *f* mollet
Wäscheklammer *f*
E clothes peg
F pince *f* à linge
waschbar
E washable
F lavable
Waschen *n*, vgl. → Kapitel: Maße und Pflegesymbole
E washing, laundering
F lavage *m*
waschen, vgl. → Kapitel: Maße und Pflegesymbole
E to wash
F laver
Waschfestigkeit *f*
E wash resistance
F résistance *f* au lavage

wasserabstoßend
E water repellent
F hydrofuge
wasserdicht
E waterproof
F imperméable (Stoff, Bekleidung), étanche (Uhr)
wasserdurchlässig
E water permeable
F perméable à l'eau
Watteaufalte *f* → Falte
wattieren
E to pad, to quilt
F matelasser, ouatiner
wattiert
E quilted, wadded
F matelassé(e), ouatiné(e), ouaté(e)
weben
E to weave
F tisser
Weben *n*
E weaving
F tissage *m*
Webkante *f*
E selvedge, selvage AE
F lisière *f*
Webwaren *fpl*
E woven goods *pl*
F tissus *mpl*
weit (breit, groß)
E wide, full
F large, ample
weites Hosenbein *n* → Hosenbein
wendbar (von beiden Seiten tragbar)
E reversible
F réversible
Wespentaille *f*
E wasp waist
F taille *f* de guêpe
Westentasche *f* → Tasche
wetterfest
E weatherproof
F résistant(e) aux intempéries
White Tie
E white tie
F cravate blanche
winddicht
E windproof
F coupe-vent, résistant(e) au vent
Wirkwaren *fpl*
E knitwear, knitted goods *pl* / articles *pl*
F bonneterie *f*, (articles *mpl* en) maille *f*
Wollknäuel *m*
E ball of wool
F pelote *f* de laine
Wollwaren *fpl*
E woollen BE / woolen AE goods *pl*, woollens *pl*
F articles *mpl* de laine, lainages *mpl*
X-Linie *f*
E X-line
F ligne *f* X

Y-Linie *f*
E Y-line
F ligne *f* Y
Zähne *mpl* → Reißverschluss
Zeltlinie *f* → Trapezlinie
Zickzacknaht *f*
E zigzag seam
F couture *f* (en) zigzag
Zickzackstich *m*
E zigzag stitch
F point *m* (en) zigzag
Zierknopf *m* → Knopf
Ziernaht *f*
E ornamental seam, decorative seam, fancy seam, topstitched seam
F couture *f* d'ornement, couture *f* décorative, couture *f* surpiquée, surpiqûre *f*
Zipper *m* → Reißverschluss
Zippertasche *f* → Tasche: Reißverschlusstasche
Zweilochknopf *m* → Knopf
Zwei-Wege-Zipper *m* → Reißverschluss
Zopfmuster *n*
E cable stitch, (mit Zopfmuster gestrickt:) cable-knit
F (à) torsades *pl*
zugeknöpft, vgl. → durchgeknöpft
E buttoned up
F boutonné(e)
zuknöpfen
E to button up
F boutonner
Zungenraglanärmel *m* → Ärmel
zuschneiden
E to cut
F couper
Zuschnitt *m*
E cutting
F coupe *f*
zweifarbig
E bicolour(ed) BE, bicolor(ed) AE, two-tone
F bicolore
zweireihig (Jacke/Mantel/Sakko)
E double-breasted

X-Linie

Y-Linie

F croisé(e), (Knöpfung:) à double boutonnage *m*

zweiteilig

E two-piece

F deux pièces *fpl*

Zwei-Wege- / Zweiwegereißverschluss *m*, vgl. → Reißverschluss

E two-way zipper

F (fermeture *f* à) glissière *f* à double curseur, (fermeture *f* à) glissière *f* à deux sens

Zwickel *m*, vgl. → Kapitel: Tag- und Nachtwäsche, Strumpfwaren

E gusset, gore

F gousset *m* (z. B. Achselstück), soufflet *m*, patte *f* d'entrejambe (bei Hosen)

Zwiebel-Look *m* → Lagen-Look

Zwischenfutter *n*

E interlining

F entredoublure *f*

7. Muster und Drucke
Patterns and prints
Motifs et imprimés

Allover-Druck *m*
E all-over print BE, allover print AE
F imprimé *m* all-over

Animal-Print *m*, auch: Animal-Muster *n*, Tierfellmuster *n*
E animal print
F imprimé *m* animalier (Druck), motif *m* animalier (Muster)

Argyle-Muster *n*
E argyle (print/design)
F motif *m* (à) losanges, motif *m* argyle

Batikmuster *n*
E batik print
F imprimé *m* batik

Blockstreifen *m*
E large/wide stripe, bar stripe
F rayure *f* large

Argyle-Muster

Fischgratmuster

Glencheck

Hahnentritt

Nadelstreifen

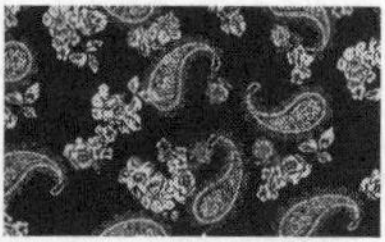
Paisley

Tartan

Toile de Jouy

Vichy-Karo

Bajadere-Streifen *mpl*
E bayadère stripes *pl*
F rayures *fpl* bayadères
bedruckt
E printed
F imprimé(e)
Blumenmuster *n*
E floral pattern/design, floral print (gedruckt)
F imprimé *m* / motif *m* / dessin *m* floral, imprimé(e) à fleurs
Camouflage-Muster *n*, Tarnmuster *n*
E camouflage print
F motif *m* / imprimé *m* camouflage
Dégradé-Muster *n* → Farbverlauf
Druck *m*
E print
F imprimé[1] *m*, impression[1] *f*
Farbverlauf *m*, auch: Dégradé-Muster *n*, Ombré *m*
E ombré
F dégradé *m*
Fischgratmuster *n*
E herringbone
F motif *m* à chevrons
Fleur-de-Lys-Muster *n*, Lilienmuster *n*
E fleur-de-lis, fleur-de-lys
F fleur *f* de lis, fleur *f* de lys
geblümt, vgl. → Blumenmuster
E (with a) floral print/pattern
F à fleurs
gepunktet
E with polka dots, polka-dotted, dotted
F à pois *mpl*
gestreift
E striped, stripy
F à rayures *fpl*, rayé(e)
Glencheck *m*, Glencheck-Muster *n*
E Prince of Wales check, Glen (Urquhart) plaid AE, glen check AE
F (motif *m*) prince *m* de galles
Hahnentritt *m*
E houndstooth (check)
F pied-de-coq *m*, (in kleinem Format:) pied-de-poule *m*
Harlekin-Muster *n*
E harlequin (check) pattern
F motif *m* arlequin

1 »Druck« kann im Französischen mit *imprimé* oder *impression* übersetzt werden, bei der Beschreibung von Mustern findet man jedoch meistens das Wort *imprimé*. *Imprimé* beinhaltet aber auch, dass das Muster aufgedruckt wurde. Ist ein Muster eingewebt, wird es im Französischen als *motif* oder *dessin* bezeichnet.

Hawaiimuster *n*
E Hawaiian print
F imprimé *m* hawaïen
Herringbone-Muster *n* (engl.) → Fischgratmuster
kariert
E checkered, checked, check (pattern)
F à carreaux *mpl*
Karo *n*
E check
F carreau *m*
Karomuster *n*
E check(ed) pattern
F (dessin *m* à) carreaux *mpl*
Kreidestreifen *mpl*
E chalk stripes *pl*
F rayures *fpl* craies
Längsstreifen *m*
E vertical stripe
F rayure *f* verticale
Leopardenmuster *n*
E leopard pattern
F motif *m* léopard
Liberty-Muster *n* (Markenzeichen)
E Liberty print
F motif *m* / imprimé *m* (Druck) liberty *m*
Lilienmuster *n* → Fleur-de-Lys-Muster
Madraskaro *n*
E madras check
F carreaux *mpl* madras
meliert
E mottled, flecked
F chiné(e)
Millefleurs-Muster *n*, (Streublumenmuster), vgl. → Liberty-Muster
E millefleurs
F à mille fleurs, motif *m* millefleurs, motif *m* liberty
Muster *n*
E pattern, design
F motif[1] *m*, dessin[1] *m*
Nadelstreifen *m*
E pinstripe
F rayures *fpl* tennis
Ombré *m* → Farbverlauf
Paisley *n*
E paisley
F impression *f* / motif *m* cachemire
Polkatupfen *mpl*, vgl. → gepunktet, → Punkt
E polka dots *pl*
F (motif *m* à) pois *mpl*
Prince of Wales Check *m* → Glencheck
Print *m* → Druck
Punkt *m*, vgl. → Polkatupfen
E dot, point
F point *m*
Querstreifen *m*
E horizontal stripe
F rayure *f* horizontale

Rautenmuster *n*, vgl. → Argyle-Muster
E diamond pattern
F motif *m* à losanges

Schottenmuster *n* vgl. → Tartan
E tartan
F motif *m* écossais, (motif *m*) tartan *m*

Streifen *m*
E stripe
F rayure *f*, raie *f*

Streifenmuster *n*
E stripe(d) pattern
F (motif *m*) à rayures *fpl*

Streublumenmuster *n* → Liberty-Muster, → Millefleurs-Muster

Tarnmuster *n* → Camouflage-Muster

Tartan *m*
E tartan
F (motif *m* / dessin *m*) tartan *m*

Tattersall-Karo *n*
E tattersall (check)
F carreaux *mpl* tattersall

Tierfellmuster *n* → Animal-Print

Toile de Jouy-Muster *n*
E toile de Jouy print, (selten:) Jouy print
F (imprimé *m*) toile *f* de Jouy

Ton in Ton
E tone-on-tone
F ton sur ton

Tupfen *m*, vgl. → gepunktet, → Polkatupfen, → Punkt
E dot
F pois *m*, point *m* (Punkt)

Vichy-Karo *n*
E gingham check(s)
F carreaux *mpl* vichy

8. Stoffe und Materialien
Fabrics and materials
Étoffes et matériaux

Abaka *m* vgl. → Manilahanf
E abaca
F abaca *m*
Acetat *n* → Azetat
Achat *m*
E agate
F agate *f*
Acryl *n*
E acrylic
F acrylique *m*
Acrylglas *n*
E acrylic glas
F verre *m* acrylique
Afghalaine *m*
E afghalaine
F afghalaine *f*
Alabaster *m*
E alabaster
F albâtre *m*
Alcantara ™ *n*
E alcantara ™
F alcantara ™ *m*
Alginat *n*
E alginate
F alginate *m*
Alligator *m*
E alligator
F alligator *m*
Alpaka *n*
E alpaca
F alpaga *m*
Aluminium *n*
E aluminium
F aluminium *m*
Amethyst *m*
E amethyst
F améthyste *f*
Angorawolle *f*, vgl. → Mohair
E angora wool
F laine *f* angora
Aquamarin *m*
E aquamarine
F aigue-marine *f*
Astrachan *m*, vgl. → Karakul, → Persianer
E astrakhan
F astrakan *m*
Ausbrenner *m* → Dévoré-Stoff
Aventurin *m*
E aventurine
F aventurine *f*
Azetat *n*, Acetat *n*
E acetate
F acétate *m*
Babykord *m* → Kord (Feinkord)
Bakelit ™ *n*
E Bakelite ™
F bakélite ™ *f*

Bambus *m*
E bamboo
F bambou *m*
Bast *m*
E bast, bast fibre BE / fiber AE
F rabane *f*
Batik *m/f* → Kapitel: Technische Details und Beschreibungen
Batist *m*
E batiste
F batiste *f*

Baumwolle *f*
E cotton
F coton *m*
Biobaumwolle *f*
E organic cotton
F coton *m* biologique, coton *m* bio
gekämmte Baumwolle *f*
E combed cotton
F coton *m* peigné
mercerisierte/merzerisierte Baumwolle *f*
E mercerised cotton BE, mercerized cotton AE
F coton *m* mercerisé
reine Baumwolle *f*
E pure cotton
F pur coton *m*, coton *m* pur
Bedford, Bedford Cord *m*
E Bedford cord
F Bedford *m*

Bernstein *m*
E amber
F ambre *m*
Biberpelz *m*
E beaver (fur)
F castor *m*
Biotextilien *fpl*
E organic textiles *pl*
F textiles *mpl* biologiques, textiles *mpl* bio
Blasenkrepp *m* → Cloqué
Blei *n*
E lead
F plomb *m*
Bouclé *n*, Buklee *n* (das Garn)
E bouclé (yarn)
F bouclette *f*
Bourette *f*, Bourrette *f*
E bourette, bourrette
F bourrette *f*
Boxcalf *n*, Boxkalf *n*
E box calf
F box *m*, calf *m*
Breitkord *m* → Kord
Brillant *m*
E brilliant
F brillant *m*
Broché *m*
E broché
F broché *m*
Brokat *m*
E brocade
F brocart *m*

Brokatell *m*, Brokatelle *f*
E brocatelle, brocatel
F brocatelle *f*

Bronze *f*
E bronze
F bronze *m*

Brüsseler Spitze *f* → Spitze

Büffelleder *n*
E buffalo leather
F (peau *f* de) buffle *m*

Calico *m* → Kaliko

Cashgorawolle *f*, Kashgorawolle *f*
E cashgora wool
F (laine *f*) cashgora *m*

Cashmere *m* → Kaschmir

Celluloid *n* → Zelluloid

Cellulose *f* → Zellulose

Chambray *m*
E chambray
F chambray *m*

Chamois *n*, Chamoisleder *n*
E chamois, chamois leather, shammy (leather) (ugs.)
F chamois *m*

Chantillyspitze *f* → Spitze

Charmeuse *f*
E charmeuse
F charmeuse *f*

Chemiefaser *f*
E chemical fibre BE / fiber AE, man-made fibre BE / fiber AE, artificial and synthetic fibres *pl* BE / fibers *pl* AE
F fibres *fpl* chimiques (fibres *fpl* artificielles et synthétiques)

Chenille *f*
E chenille
F chenille *f*

Cheviot *m*
E cheviot
F cheviotte *f*

Chevreau *n*, Chevreauleder *n*
E kidskin
F chevreau *m*

Chiffon *m*
E chiffon
F chiffon *m*

Chinakrepp *m* → Crêpe de Chine

Chinaseide *f* → Seide

Chinchilla *n*, Chinchillafell *n*
E chinchilla (fur)
F chinchilla *m*

Chiné *m*
E chiné (fabric)
F tissu *m* chiné, chiné *m*

Chintz *m*
E chintz
F chintz *m*

Chrom *n*
E chrome
F chrome *m*

Chromleder *n*
E chrome leather
F cuir *m* chromé

Ciré *m*
E ciré

F toile *f* cirée
Citrin *m*, Zitrin *m*
E citrine
F citrine *f*
Cloqué *m*, auch: Blasenkrepp *m*
E cloqué
F cloqué *m*
Cord *m* → Kord
Corozo *n* → Steinnuss
Crêpe *m*, Krepp *m*
E crêpe
F crêpe *m*
Crêpe de Chine *m*, Chinakrepp *m*
E crêpe de Chine
F crêpe *m* de Chine
Crêpe Georgette *m*
E (crêpe) georgette
F crêpe *m* Georgette
Crêpe Marocain *m*
E (crêpe) marocain
F crêpe *m* marocain
Crêpon *m* → Krepon *m*
Cretonne *f/m*, auch: Kretonne *f/m*, Kreton *m* (österr.)
E cretonne
F cretonne *f*
Cupro *n*
E cupro
F cupro *m*
Dacron ™ *n*
E Dacron ™
F dacron ™ *m*
Damast *m*
E damask
F damas *m*
Damassé *m*
E damassé
F damassé *m*
Denim *m/n*
E denim
F denim *m*
Dévoré-Stoff *m*, Ausbrenner *m*
E devoré, devore
F tissu *m* dévoré
Diamant *m*
E diamond
F diamant *m*
Donegal *m*, Donegal Tweed *m*
E Donegal, Donegal tweed
F tweed *m* Donegal
Doubleface-Stoff *m*
E double-faced fabric
F tissu *m* double face
Drillich *m*
E drill
F treillis *m*
Duchesse *f*
E duchesse, duchesse satin
F satin *m* duchesse
Duvetine *m*
E duvetyn, duvetyne, duvetine
F duvetine *f*
Ebenholz *n*
E ebony
F ébène *f*

Edelstein *m*
E precious stone, gem(stone)
F pierre *f* précieuse/fine, gemme *f*
Eidechsenleder *n*
E lizard (skin)
F (peau *f* de) lézard *m*
Elastan *n*, Elasthan *n*
E elastane BE, spandex AE
F élasthanne *m*
Elastomer *n*
E elastomer
F élastomère *m*
Elfenbein *n*
E ivory
F ivoire *m*
Email *n*, Emaille *f*
E enamel
F émail *m*
Entenfeder *f*
E duck feather
F plume *f* de canard
Etamine *f*
E etamine
F étamine *f*
Façonné *m*
E faconne (fabric)
F étoffe *f* façonneé, façonné *m*
Faden *m*
E thread
F fil *m*
Faille *f*
E faille
F faille *f*
Faser *f*
E fibre BE, fiber AE
F fibre *f*
Feder *f*
E feather
F plume *f*
Feinkord *m* → Kord
Fell *n*
E hide, pelt, fur
F fourrure *f* (Pelz), peau *f* (Tierhaut)
Fil-à-Fil *n*
E end-on-end, fil-à-fil
F fil-à-fil *m*
Filz *m*
E felt
F feutre *m*
Fischbein *n*
E whalebone
F baleine *f*
Fischgrätengewebe *n*, Fischgrätenstoff *m*
E herringbone (fabric)
F tissu *m* à chevrons
Fischleder *n*
E fish skin
F cuir *m* / peau *f* de poisson
Flachs *m*, vgl. → Leinen
E flax
F lin *m*
Flanell *m*
E flannel
F flanelle *f*

Fleece *n*
E fleece
F polaire *f* (Wolle/Faser), polaire *m* (Stoff)
Frottee *m/n*, Frotté *m/n*
E terry (cloth)
F (tissu *m*) éponge *f*
Fuchsfell *n*
E fox (fur)
F (fourrure *f* de) renard *m*
Gabardine *m/f*
E gabardine, gaberdine
F gabardine *f*
Gagat *m*
E jet
F jais *m*
Garn *n*
E yarn, thread
F fil *m*
Gaze *f*
E gauze
F gaze *f*
gekochte Wolle *f* → Wolle
Gelbgold *n*
E yellow gold
F or *m* jaune
Georgette *m* → Crêpe Georgette
Gewebe *n*
E fabric, material, cloth
F étoffe *f*, tissu *m*
Glas *n*
E glas
F verre *m*
Glencheck *m*, Glencheck-Gewebe *n*, vgl. das Kapitel → Muster und Drucke
E Prince of Wales check fabric, glen check (fabric) AE, glen plaid fabric AE
F (tissu *m*) prince de Galles *m*
Gold *n*, vgl. → Gelbgold, → Weißgold
E gold
F or *m*
Goretex ™-Membran *f*
E Gore-tex ™ membrane
F membrane *f* goretex ™ *m*
Granat *m*
E garnet
F grenat *m*
Guanako *n*
E guanaco
F guanaco *m*
Gipüre *f*
E guipure
F guipure *f*
Gummi *m/n*
E rubber
F caoutchouc *m*
Häkelspitze *f*, → Spitze
Hanf *m*
E hemp
F chanvre *m*
Harristweed ™ *m*, Harris Tweed ™ *m*
E Harris tweed ™
F Harris tweed ™ *m*

Haut *f*
E skin
F peau *f*
Hermelin *m* (Pelz)
E ermine (fur)
F hermine *f*
Holz *n*
E wood
F bois *m*
Horn *n*
E horn
F corne *f*
Iltis(pelz) *m*
E polecat fur, (veraltet:) fitch (fur)
F (fourrure *f* de) putois *m*
Indienne *f*
E indienne
F indienne *f*
Interlockgewebe *n*
E interlock fabric
F interlock *m*
Jacquard(stoff) *m*
E jacquard (fabric)
F (tissu *m*) jacquard *m*
Jade *m*
E jade
F jade *m*
Jaspis *m*
E jasper
F jaspe *m*
Jeansstoff *m*, vgl. → Denim
E jean
F jean *m*
Jersey *m*
E jersey (fabric)
F jersey *m*
Jute *f*
E jute
F jute *m*
Kalbsleder *n*
E calfskin, calf leather, (mit Chrom gegerbt:) boxcalf
F cuir *m* de veau, (mit Chrom gegerbt:) box *m*, calf *m*
Kaliko *m*
E calico (im BE weiß/farblos, im AE häufig gemustert)
F calicot *m*
Kamelhaar *n*
E camel hair
F poil *m* de chameau
Kammgarn *n*
E worsted (yarn)
F peigné *m*, (laine *f* / fil *m*) peigné(e)
Kanevas *m*
E canvas
F canevas *m*
Kanin *n*, Kaninchenfell *n*
E rabbit (fur)
F (fourrure *f* de / peau *f* de) lapin *m*
Kapok *m*
E kapok
F kapok *m*
Karakulschaf(pelz) *m*, vgl. → Persianer
E karakul, caracul

F caracul *m*, karakul *m*
Karneol *m*
E carnelian, cornelian
F cornaline *f*
Kaschmir *m*
E cashmere
F cachemire *m*, cashmere *m*
Kashgorawolle *f* → Cashgorawolle
Kautschuk *m*
E caoutchouc
F caoutchouc *m*
Klöppelspitze *f* → Spitze
Köper *m*
E twill
F sergé *m*
Kopal *m*
E copal
F copal *m*
Koralle *f*
E coral
F corail *m*

Kord *m*, Cord *m*
E corduroy, cord fabric
F velours *m* côtelé
Breitkord *m*
E wide wale corduroy
F velours *m* à grosses côtes
Feinkord *m*, Babykord *m*
E fine/narrow wale corduroy, needlecord, pinwale corduroy, baby corduroy
F velours *m* à fines côtes / à côtes fines, (velours *m*) milleraie *m* / mille-raies *m*

Kork *m*
E cork
F liège *m*
Koton *m* → Baumwolle
Krepon *m*, Crepon *m*
E crépon
F crépon *m*
Krepp *m*, Crêpe *m*
E crêpe
F crêpe *m*
Krepp de Chine *m* → Crêpe de Chine
Krepp Georgette *m* → Crêpe Georgette
Kretonne *m* → Cretonne
Kristall *n*
E crystal
F cristal *m*
Krokodilleder *n*, Krokoleder *n*
E crocodile (skin/leather)
F (peau *f* / cuir *m* de) crocodile *m*, (Abk. ugs.) croco *m*
Kuhfell *n*
E cowhide
F peau *f* de vache
Kuhleder *n*
E cow leather
F cuir *m* de vache, vachette *f* (Leder der jungen Kuh)

Kunstfaser *f*
E synthetic fibre BE / fiber AE, artificial fibre BE / fiber AE, man-made fibre BE / fiber AE
F fibre *f* artificielle, fibre *f* synthétique
Kunstfell *n*
E fake fur
F fausse fourrure *f*
Kunstleder *n*
E imitation leather, fake leather, leatherette
F similicuir *m*, cuir *m* synthétique, cuir *m* artificiel, imitation *f* cuir
Kunstseide *f* → Reyon
Kunststoff *m*
E plastic/synthetic (material)
F (matière *f*) plastique *m*, matière *f* synthétique, matière *f* artificielle
Kupfer *n*
E copper
F cuivre *m*
Lachsleder *n*
E salmon skin
F peau *f* de saumon
Lack *m*
E lacquer, varnish
F vernis *m*, laque *m/f*
Lackleder *n*
E patent (leather), varnished/lacquered leather
F verni *m*, cuir *m* verni
Lama *n*
E llama
F lama *m*
Lambswool *f*, Lammwolle *f*
E lambswool
F lambswool *m*
Lamé *m*, Lamee *m*
E lamé
F lamé *m*
Lammfell *n*
E lambskin
F peau *f* d'agneau, agneau *m*
Lapislazuli *m*
E lapis lazuli
F lapis *m*, lapis-lazuli *m*, outremer *m*
Latex *m*
E latex
F latex *m*
Leder *n*
E leather, skin
F cuir *m*, peau *f*
Leder *n*, gegerbt
E tanned leather
F cuir *m* tanné, peau *f* tannée
Lederimitat *n* → Kunstleder
Leinen *n*
E linen
F lin *m*
Leopardenfell *n*
E leopard (pelt/fur)
F (fourrure *f* / peau *f* de) léopard
Loden *m*
E loden, loden cloth

F loden *m*
Lurex ™ *n*
E lurex ™
F lurex ™ *m*
Lycra™ *n*
E Lycra ™
F lycra ™ *m*
Lyocell-Faser *f*, vgl. → Tencel-Faser
E lyocell fibre BE / fiber AE
F fibre *f* lyocell
Madras *m*, Madrasgewebe *n*
E madras
F madras *m*
Malachit *m*
E malachite
F malachite *f*
Manilahanf *m*, Manila-Hanf *m*, vgl. → Abaka
E Manila hemp
F chanvre *m* de Manille
Marabufeder *f*
E marabou (feather)
F (plume *f* de) marabout *m*
Material *n*
E material
F matière *f*, matériaux *mpl*
Merino *m*
E merino
F mérinos *m*
Merinowolle *f*
E merino wool
F laine *f* mérinos
Messing *n*
E brass
F laiton *m*, cuivre *m* jaune
Metall *n*
E metal
F métal *m*
Mikrofaser *f*
E microfibre BE, microfiber AE
F microfibre *f*
Mink *m* → Nerz
Modal *n*
E modal
F modal *m*
Modacryl *n*
E modacrylic
F modacrylique *m*
Mohair, Mohär *m*
E mohair
F mohair *m*
Moiré *m/n*
E moiré
F moiré *m*
Moleskin *m/n*
E moleskin
F moleskine *f*
Monofil *n*
E monofil, monofilament
F monofil *m*
Mousseline *f*
E mousseline
F mousseline *f*
Nadelspitze *f* → Spitze
Nappa *n*, Nappaleder *n*
E nappa/napa (leather)
F cuir *m* nappa

Naturfaser *f*
E natural fibre BE, natural fiber AE
F fibre *f* naturelle
Neopren ™ *n*
E neoprene ™
F néoprène ™ *m*
Nerz *m*, Nerzfell *n*
E mink (fur)
F vison *m*, fourrure *f* de vison
Nesselstoff *m*
E untreated cotton cloth, nettle-cloth
F toile *f* de coton
Nickel *n*
E nickel
F nickel *m*
Nubuk *n*
E nubuck
F nubuck *m*
Nutria *m*
E nutria
F ragondin *m*, fourrure *f* de ragondin
Nylon ™ *n*
E nylon ™
F nylon ™ *m*
Onyx *m*
E onyx
F onyx *m*
Opal *m*
E opal
F opale *f*
Opossum *n*, Opossumfell *n*
E opossum
F opossum *m*, fourrure *f* d'opossum
Organdy *m*
E organdy
F organdi *m*
Organic Cotton → Baumwolle: Biobaumwolle
Otter *m*
E otter
F (fourrure *f* de) loutre *f*
Ottoman *m*
E ottoman
F ottoman *m*
Oxford *n*
E Oxford cloth
F oxford *m*
Ozelot *m*
E ocelot
F ocelot *m*
Paillette *f*
E sequin, spangle
F paillette *f*, sequin *m*
Pannesamt *m*
E panne (velvet)
F panne *f* de velours
Pekarileder *n*
E peccary (leather)
F pécari *m*, cuir *m* de pécari
Pelz *m*
E fur
F fourrure *f* (bearbeitet), peau *f* (Fell)

Peridot *m*
E peridot
F péridot *m*
Perkal *m*
E percale
F percale *f*
Perle *f*, vgl. → Zuchtperle
E pearl (Produkt der Auster), bead (rundes gelochtes Ornament)
F perle *f*
Perlmutt *n*, Perlmutter *f/n*
E mother-of-pearl, nacre
F nacre *f*
Perlon ™ *n*
E Perlon ™
F perlon ™ *m*
Persianer *m*, vgl. → Astrachan, → Karakul
E Persian lamb
F astrakan *m*
Pflanzenfaser *f*
E vegetal fibre BE / fiber AE
F fibre *f* végétale
Pikee *m* (österr. auch *n*)
E piqué
F piqué *m*
Plastik *n*
E plastic
F plastique *m*
Platin *n*
E platinum
F platine *m*
Plissee *n*
E plissé, pleated fabric
F plissé *m*, étoffe *f* plissée
Plüsch *m*
E plush
F peluche *f*
Polyamid *n*
E polyamide
F polyamide *m*
Polyester *m*
E polyester
F polyester *m*
Polypropylen *n*
E polypropylene
F polypropylène *m*
Polyurethan *n*
E polyurethane
F polyuréthanne *m*, polyuréthane *m*
Polyvinylchlorid *n* → PVC (Abk.)
Pongé *m*
E pongee
F pongé *m*, pongée *m*
Ponyfell *n*
E pony (skin)
F (poil *m* de) poney *m*
Popelin(e) *m*
E poplin
F popeline *f*
pure new wool vgl. → Schurwolle, reine

PVC *n* (Abk.), Polyvinylchlorid *n*
E PVC, polyvinyl chloride
F P.V.C. *m*, chlorure *m* de polyvinyle
Python *m* (-leder *n*)
E python (skin/leather)
F (peau *f* de / cuir *m* de) python *m*
Quarz *m*
E quartz
F quartz *m*
Raphia *f*, Raphiabast *m*
E raffia, raphia
F raphia *m* (Faser), rabane *f* (Stoff aus Raphiafaser)
Ramie *f*
E ramie
F ramie *f*
reine Baumwolle *f* → Baumwolle, reine
reine Schurwolle *f* → Schurwolle, reine
reine Seide *f* → Seide, reine
Reyon *m/n* (veraltet), vgl. → Viskose
E rayon
F rayonne *f*
Rhodium *n*
E rhodium
F rhodium *m*
Rindleder *n*, Rindsleder *n*, vgl. → Kuhleder
E cattle leather (allg.), cow leather
F cuir *m* de bœuf
Robbenfell *n*, Seehundsfell *n*
E sealskin
F peau *f* / fourrure *f* de phoque
Rosshaar *n*, Pferdehaar *n*
E horsehair
F crin *m* (de cheval)
rostfreier Stahl *m* → Stahl
Rubin *m*
E ruby
F rubis *m*
Samt *m*
E velvet
F velours *m*
Saphir *m*
E sapphire
F saphir *m*
Satin *m*
E satin
F satin *m*
Schaffell *n*
E sheepskin
F peau *f* de mouton
Schafleder *n*
E sheep leather
F cuir *m* de mouton, (gegerbt:) basane *f*
Schafwolle *f*
E sheep's wool
F laine *f* de mouton
Schantungseide *f* → Shantung

Schildpatt *n*
E tortoiseshell
F écaille *f* (de tortue)
Schlangenleder *n*
E snakeskin
F peau *f* de serpent
Schottenstoff *m*, vgl. → Tartanstoff
E plaid, tartan fabric
F tartan *m*, tissu *m* écossais
Schurwolle *f*
E virgin wool, (reine Schurwolle:) pure new wool
F laine *f* vierge, (reine Schurwolle:) pure laine *f* vierge
Seehundsfell *n* → Robbenfell
Seersucker *m*
E seersucker
F seersucker *m*

Seide *f*
E silk
F soie *f*
Chinaseide *f*
E china silk
F soie *f* de Chine
reine Seide *f*
E pure silk
F pure soie *f*
Tussahseide *f*, vgl. → Shantung
E tussah (silk), tussore (silk)
F tussah *m*, tussor *m* (Stoff aus Tussahseide)
Wildseide *f*, vgl. → Tussahseide
E wild silk
F soie *f* sauvage

Serge *f*, **Sersche** *f* (österr. auch *m*)
E serge
F serge *f*
Shantung *m*, **Schantungseide** *f*
E shantung
F shantung *m*, chantoung *m*
Shetlandwolle *f*
E Shetland wool
F (laine *f*) shetland *m*
Silber *n*
E silver
F argent *m*
Sisal *m*
E sisal
F sisal *m*
Skai ™ *n*
E skai ™ leather
F skai ™ *m*
Smaragd *m*
E emerald
F émeraude *f*
Spandex, amerikanische Bezeichnung für → Elasthan

Spitze *f*, vgl. → Gipüre *f*
E lace
F dentelle *f*

Brüsseler Spitze *f*
E Brussels lace
F dentelle *f* de Bruxelles
Chantillyspitze *f*
E Chantilly lace, Chantilly
F chantilly *m*, dentelle *f* de Chantilly
Häkelspitze *f*
E crocheted lace
F dentelle *f* au crochet
Klöppelspitze *f*
E bobbin lace
F dentelle *f* au fuseau
Nadelspitze *f*
E needle lace
F dentelle *f* à l'aiguille
Valenciennesspitze *f*
E Valenciennes, valenciennes lace
F valenciennes *f*

Stahl *m*
E steel
F acier *m*
Stahl *m*, rostfrei
E stainless steel
F acier *m* inoxydable
Steinnuss *f*, Corozo *n*
E corozo, vegetable ivory, tagua
F corozo *m*, ivoire *m* végétal
Stoff *m*
E cloth, fabric, material
F tissu *m*, étoffe *f*
Strass *m*
E rhinestone
F strass *m*
Strauß *m* (Leder)
E ostrich (leather)
F (cuir *m* / peau *f* d') autruche *f*
Straußenfeder *f*
E ostrich feather
F plume *f* d'autruche
Streichgarn *n*
E carded (yarn)
F cardé *m*, (laine *f* / fil *m*) cardé(e)
Stretch *m*, auch: Stretchgewebe *n*
E stretch (fabric)
F (tissu *m*) stretch *m*
Stroh *n*
E straw
F paille *f*
Sympatex ™-Membran *f*
E sympatex ™ membrane
F membrane *f* sympatex ™
Synthetik *n*
E synthetics, synthetic material
F synthétique *m*
synthetische Faser *f*
E synthetic fibre BE / fiber AE
F fibre *f* synthétique
Tactel ™-Faser
E Tactel ™ fibre BE / fiber AE
F fibre *f* Tactel ™

Taft *m*
E taffeta
F taffetas *m*
Tansanit *m*
E tanzanite
F tanzanite *f*
Tarlatan *m*
E tarlatan
F tarlatane *f*
Tartan(stoff) *m*
E tartan
F tartan *m*
Tencel ™-Faser *f*, vgl. → Lyocell-Faser
E Tencel ™ fibre BE / fiber AE
F fibre *f* Tencel ™
Textilfaser *f*
E textile fibre BE / fiber AE
F fibre *f* textile
Tierfaser *f*
E animal fibre BE / fiber AE
F fibre *f* (d'origine) animale
Titan *n*
E titanium
F titane *m*
Toile de Jouy-Gewebe *n*, vgl. → Toile de Jouy-Muster (im Kapitel: Muster und Drucke)
E toile de Jouy (fabric), (Abk.:) toile
F toile *f* de Jouy
Topas *m*
E topaz
F topaze *f*
Triacetat *n*, Triazetat *n*
E triacetate
F triacétate *m*
Trikot *m* (maschinengestrickter oder gewirkter Stoff)
E knitted fabric
F tricot *m*
Tüll *m*
E tulle
F tulle *m*
Turmalin *m*
E tourmaline, turmaline
F tourmaline *f*
Türkis *m* (Schmuckstein)
E turquoise
F turquoise *f*
Tussahseide *f* → Seide
Tweed *m*
E tweed
F tweed *m*
Twill *m*
E twill
F twill *m*
Valenciennesspitze *f* → Spitze
Velours *m*
E velour(s)
F velours *m*
Vichy *m* (Gewebe), vgl. Kapitel → Drucke und Muster
E gingham
F vichy *m*

Vikunja *n/f*, Vikunjawolle *f*
E vicuña/vicugna (wool/ fabric)
F (laine *f* de) vigogne *f*
Vinyl *n*
E vinyl
F vinyle *m*
Viskose *f*
E viscose
F viscose *f*
Vlies *n*
E nonwoven (fabric) (Rohwolle), fleece (Schaffell)
F non-tissé *m* (Rohwolle), toison *f* (Schaffell)
Voile *m*
E voile
F voile *m*
Waffelgewebe *n*
E honeycomb (fabric), waffle cloth
F (tissu *m*) nid-d'abeilles *m*
Weißgold *n*
E white gold
F or *m* blanc
Whipcord *m*
E whipcord
F whipcord *m*
Wildleder *n*
E suede
F daim *m*, suède *m*, cuir *m* suédé
Wildseide *f* → Seide
Wolle *f*
E wool
F laine *f*
Wolle *f*, gekocht
E boiled wool
F laine *f* bouillie
Zelluloid *n*, Celluloid *n*
E celluloid
F celluloïd *m*
Zellulose *f*, Cellulose *f*
E cellulose
F cellulose *f*
Zephir *m*, Zephyr *m*
E zephyr (yarn or fabric)
F zéphyr *m*
Ziegenleder *n*, vgl. → Chevreauleder
E goatskin, (von jungen Ziegen:) kid(skin), kid leather
F (cuir *m* / peau *f* de) chèvre *f*, (der jungen Ziege:) chevreau *m*
Zink *n*
E zinc
F zinc *m*
Zinn *n*
E tin (rein), pewter
F étain *m*
Zirkon *m*
E zircon
F zircon *m*
Zitrin *m* → Citrin
Zobel *m*, Zobelpelz *m*
E sable, sable fur (Zobelpelz)
F zibeline *f*

Zuchtperle *f*
E cultured pearl
F perle *f* de culture

Zwirn *m*
E (strong, twisted) thread/yarn
F fil *m*, (fil *m*) retors *m*

9. Maße und Pflegesymbole
Measurements and care symbols
Mesures, mensurations et symboles d'entretien

Maße
Measurements
Mesures et mensurations

Armlänge *f*
E arm length
F longueur *f* de bras

Beininnenlänge *f* → innere Beinlänge

Brustumfang *m*
E bust measurement (Damen), chest measurement (Herren)
F tour *m* de poitrine

Bundumfang *m*, auch: Bundweite *f*, vgl. → Taillenumfang
E waist measurement/girth
F tour *m* de taille, tour *m* de ceinture

Einheitsgröße *f*
E one size, one size fits all, (Abk.:) OSFA
F taille *f* unique

Fußlänge *f*
E foot length
F longueur *f* de pied

Gewicht *n*
E weight
F poids *m*

Größe *f* (eines Kleidungsstücks)
E size
F taille *f*

Größe *f* (Körper) → Körpergröße

Halsumfang *m* (Halsweite)
E neck size
F tour *m* de cou

Handumfang *m*
E hand measurement/girth
F tour *m* de main

Hüftumfang *m*
E hip measurement
F tour *m* de hanches

Inch *m* → Zoll

innere Beinlänge *f*, auch: Beininnenlänge *f*
E inside leg length
F longueur *f* intérieure de jambe

Kleidergröße *f*
E clothing size, (Damen auch:) dress size
F taille *f*

kleine Größe *f*
E petite size
F petite taille *f*

Körpergröße *f*
E height
F taille *f*
Körpermaße *npl*
E body measurements *pl*
F mensurations *fpl*
Konfektionsgröße *f* → Kleidergröße
Kopfumfang *m*
E head measurement/circumference
F tour *m* de tête
Maß *n*, vgl. → Körpermaße
E measurement
F mesure *f*, (Körpermaß:) mensuration *f*
Maßnehmen *n*
E to take measurements *pl*
F prendre les mensurations *fpl* / mesures *fpl*
Maßtabelle *f*
E measurement chart
F tableau *m* de mensurations
Oberweite *f* → Brustumfang
Rückenlänge *f* (7. Halswirbel bis Taille)
E back (-waist) length (7th cervical – waist)
F longueur *f* du dos (7ème cervicale – taille)
Schuhgröße *f*
E shoe size
F pointure *f* de chaussure
Standardgröße *f*
E standard size
F taille *f* standard
Taillenumfang *m*, vgl. → Bundweite
E waist measurement/size/girth
F tour *m* de taille
Übergröße *f*
E plus size, outsize
F grande taille *f*
Unterbrustumfang *m*
E under bust measurement
F dessous *m* de poitrine
Zentimeter *m/n*
E centimetre BE, centimeter AE
F centimètre *m*
Zoll *m*
E inch
F pouce *m*

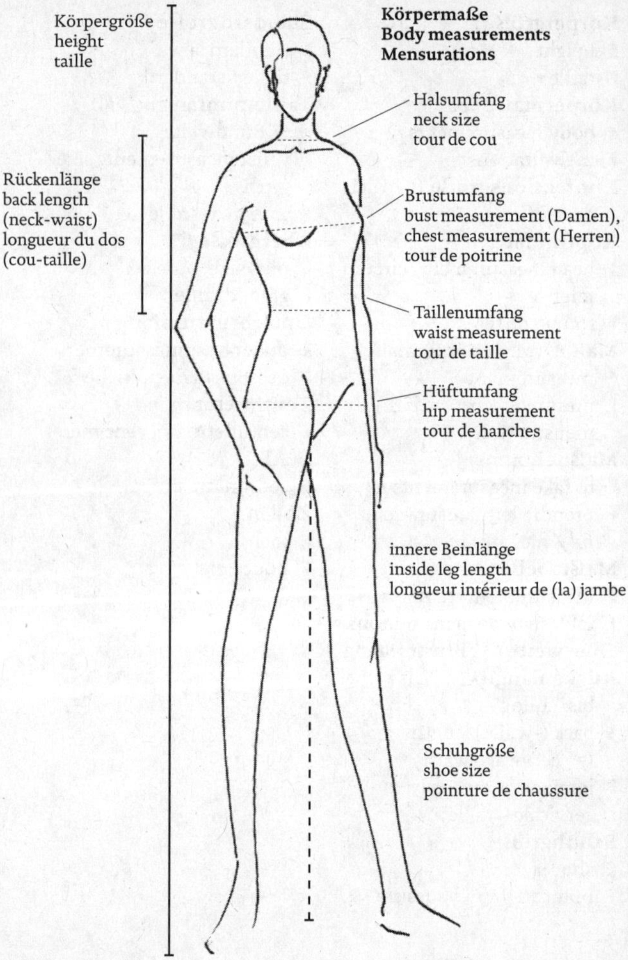
Körpermaße
Body measurements
Mensurations
Körpergröße
height
taille
Halsumfang
neck size
tour de cou
Rückenlänge
back length
(neck-waist)
longueur du dos
(cou-taille)
Brustumfang
bust measurement (Damen),
chest measurement (Herren)
tour de poitrine
Taillenumfang
waist measurement
tour de taille
Hüftumfang
hip measurement
tour de hanches
innere Beinlänge
inside leg length
longueur intérieur de (la) jambe
Schuhgröße
shoe size
pointure de chaussure

Körperteile
Parts of the body
Parties du corps

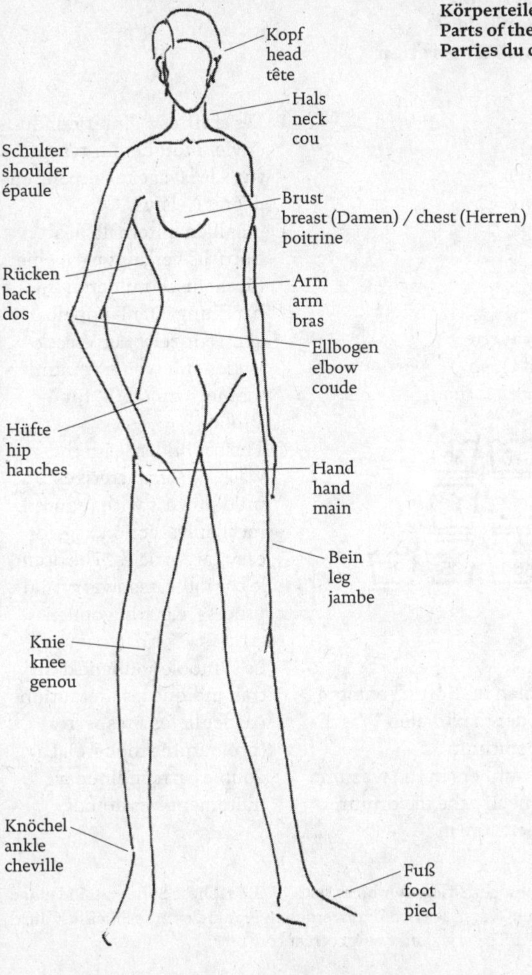

Pflegesymbole[2]
Care symbols
Symboles d'entretien

Waschen
E Washing
F Lavage

Handwäsche
E Hand wash
F Lavage à la main

Die Zahlen im Bottich entsprechen der maximalen Waschtemperatur in °C.
E The numbers in the washing tub specify the maximum temperature in °C.
F Les chiffres à l'intérieur du cuvier indiquent la température de lavage maximale, en degrés Celsius.

Der Balken unterhalb des Bottichs verlangt nach einer mechanisch milderen Behandlung. Der Doppelbalken kennzeichnet Waschzyklen mit weiter minimierter Mechanik, z. B. für Wolle.
E The bar underneath the wash tub characterizes a mild process with reduced mechanical action, e.g. for easy care articles. The double bar indicates a very mild process, e.g. for woollen articles.
F Le symbole souligné d'un trait indique les précautions particulières à respecter (programme modéré). La double barre indique un traitement très doux.

2 Abbildungen Pflegesymbole: © COFREET. Diese Symbole sind eingetragene Warenzeichen und werden in Frankreich ausschließlich durch COFREET verwaltet. www.cofreet.com.

Bleichen: Chlor- und Sauerstoffbleiche zulässig.

E **Bleaching:** Any oxidizing bleaching agent allowed.

F **Blanchiment:** Tout blanchiment autorisé.

Nur Sauerstoffbleiche zulässig. Keine Chlorbleiche.

E Oxygen/non-chlorine bleach only.

F Produits de blanchiment oxygénés/non chlorés uniquement.

Nicht bleichen.

E Do not bleach.

F Pas de blanchiment.

Trocknen im Tumbler.

E Tumbler drying.

F Séchage en tambour ménager.

1 Punkt: Trocknen mit reduzierter thermischer Beanspruchung.

E 1 point: Tumble dry, low temperature.

F 1 point: Séchage à température modérée.

2 Punkte: Trocknen mit normaler thermischer Beanspruchung.

E 2 points: Tumble dry, normal temperature.

F 2 points: Séchage à température normale.

Nicht im Tumbler trocknen.

E Do not tumble dry.

F Pas de séchage en tambour.

Bügeln.

E Ironing.

F Repassage.

1 Punkt: nicht heiß bügeln (maximal 110°C).

E 1 point: iron at low temperature (max. 110°C).

F 1 point: repassage à température faible (maximum 110°C).

2 Punkte: mäßig heiß bügeln (maximal 150°C).
E 2 points: iron at medium temperature (max. 150°C).
F 2 points: repassage à température moyenne (maximum 150°C).
3 Punkte: heiß bügeln (maximal 200°C).
E 3 points: iron at high temperature (max. 200°C).
F 3 points: repassage à température forte (maximum 200°C).

Nicht bügeln.
E Do not iron.
F Pas de repassage.

Professionelle Textilpflege.
E Professional textile care.
F Nettoyage professionnel.

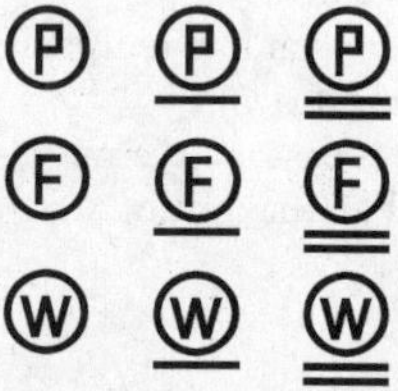

Die Buchstaben im Kreis (P, F oder W) sind für den Chemischreiniger bestimmt. Sie geben einen Hinweis auf die in Frage kommenden Lösemittel. Der Balken unterhalb des Kreises ist Hinweis auf eine Beschränkung der mechanischen Beanspruchung, der Feuchtigkeitszugabe und/oder der Temperatur. Zwei Balken weisen auf eine größere Einschränkung hin.
E The letters (P, F or W) in the circle describe the type of process and solvent. The line under the circle indicates certain restrictions concerning cycle, moisture, and/or heat, 2 lines indicate important restrictions.
F Les lettres à l'intérieur du cercle (P, F ou W) désignent les types de processus et de solvants tolérés par l'article. Le symbole souligné d'un trait indique des précautions particulières à respecter, deux traits indiquent des restrictions importantes.

Nicht chemisch reinigen.

E Do not dry-clean.

F Pas de nettoyage à sec avec solvants.

Kein Nassreinigungsverfahren.

E Do not wet-clean.

F Pas d'aqua-nettoyage/de nettoyage professionnel à l'eau.

Register Englisch

Register Französisch